华文教育研究丛书

贾益民　丛书总主编

汉语融合与华文教学

INTEGRATION OF CHINESE LANGUAGES AND
THE TEACHING OF MANDARIN CHINESE

〔新加坡〕周清海　著

社会科学文献出版社
SOCIAL SCIENCES ACADEMIC PRESS (CHINA)

总　序

华文教育是面向海外华侨华人尤其是华裔青少年开展的华语与中华文化教育，对于促进中华文化国际传播、加强中外文化交流与合作具有重要意义。开展华文教育是华侨华人的"留根工程"，有助于华侨华人传承和弘扬中华文化、保持民族特性；同时，华文教育也是凝聚侨心的纽带和海外华侨华人与祖（籍）国保持联系的重要桥梁，有利于促进国家侨务工作的可持续发展。

中国政府一向非常重视海外华文教育的发展，尤其是改革开放以来，中国政府在支持和推动海外华文教育事业发展方面做了大量卓有成效的工作，取得了巨大成绩。随着中国综合国力的提升，海外华文学校如"雨后春笋"，华人华侨子弟学习华文的热度持续高涨。

华文教育是一项庞大而复杂的系统工程，不仅涉及华文教育教学的理念，还涉及华文教育的人才培养目标、课程与教材体系建设、教学模式与方法、教学运行机制与评价体制、办学条件改善，以及相应的师资队伍建设、华校治理、办学政策与制度等一系列因素。而建设这样一个系统工程，则需要以相应的理论及专业研究为支撑。目前世界范围内的华文教育事业呈现蓬勃发展的势头，但是与方兴未艾的华文教育实践相比，华文教育的理论研究及学科与专业建设依然滞后。

华文教育是国家和民族的一项伟大事业，也是新时代中国特色社会主义伟大事业的一个重要组成部分。

第一，华文教育要更快更好地发展，必须坚持以习近平新时代中国特色社会主义思想为指导，深刻领会、全面把握新时代中国特色社会主义思想的精神实质和丰富内涵，科学分析新时代世界华文教育发展现状、存在问题与发展需求，制定符合"新时代"发展特征与需要的华文教育发展规划与具体措施，推动世界华文教育发展迈上新台阶，服务于实现中华民族伟大复兴的中国梦。

第二，华文教育要树立"全球化"和"大华文教育"发展理念，把华文教育置于中国和世界全球化发展的大背景下，面向全球、面向世界人民，以语言为基础，以文化为主导，推进华文教育大发展，以适应"全球化"对中华语言和中华文化的现实需求，满足各国人民学习中华语言文化的需要，推动中外人文交流和民心相通。此外，华文教育要想使华语逐渐成为"全球华语""世界语言"，还必须使华文教育尽快融入各国发展的主流，融入世界多元文化发展的主流，融入所在国教育的主流，融入所在国经济社会发展的主流，融入所在国华侨华人社会发展的主流。这是新时代华文教育全球化发展的必然选择，也是华文教育可持续发展的重要途径。

第三，华文教育要树立"多元驱动"和"转型升级"发展理念。新时代世界华文教育发展已经进入"多元驱动机遇期"，我们要善于整合、利用"多元驱动"资源与力量，助推华文教育和汉语国际教育事业的新发展。与此同时，新时代也给华文教育提出了新任务、新要求，使华文教育的"转型升级"成为可能与必然，要由传统的华文教育观念、体系、模式向新时代华文教育发展、变革，由过去的规模化发展向内涵建设、提升质量、增强效益转型。

第四，随着"大华文教育"的发展以及华文教育的"转型升级"，华文教育今后绝不再是单一的、传统意义上的华文教育，而是在"华文教育＋"发展理念引领下呈现多元发展态势。"华文教育＋"加什么、怎么加，完全视华文教育发展需求而定，但必须符合华文教育培养中华语言文化人才、立德树人的根本目的。

在这些理念主导下，华文教育研究当下应关注以下问题：其一，关注世界华文教育发展历史及现状，跟踪世界各国华文教育政策及发展，撰写不同国别政治、经济及文化环境下华文教育国别史，总结华文教育历史发展规律与特点，从而由编写国别华文教育史到编写世界华文教育史；其二，针对性地分析和描写华语在不同国别语言文化背景下作为一语（母语）以及作为二语（外语）的教学特点与规律、习得特点与规律等问题，借鉴语言认知科学尤其是人脑神经科学研究的理论成果与技术，探讨不同语言文化背景下华语二语认知与习得的规律，为本土化、国别化的华文教学以及教材编写提供理论支撑；其三，研究中华文化"走出去"战略中的中华文化核心价值观，萃取优秀中华文化的核心元素，研制具有规范性、可操作性的文化传播大纲及内容与形式；其四，开展海外华校普查、海外华文教育组织机构调查及海外华文教育政策调研，研究"一带一路"沿线国家华语使用现状与发展趋势；其五，积极推动不同国别华文教师专业发展研究，探索海外华文教师的专业发展模式、途径和制度，研究优秀华文教师的共同特质，为教师培训提供参照标准，以利于华文教师队伍的培养、建设；其六，开发具有较强针对性、实践性、本土化、多样性的华文教学资源，如多媒体线上线下教材，依托云技术实验室研发优质在线教学资源、开展华文课程智慧教学探索等，加强教学资源库建设。

在大力推动以上华文教育领域理论研究的过程中，为形成更具系统性、标志性和示范性的华文教育研究成果，打造华文教育研究特色团队，我们推出了这套"华文教育研究丛书"。该丛书由华侨大学海外华文教育与中华文化传播协同创新中心、华文教育研究院精心策划，由海内外优秀学者撰写。我们希望本丛书可以进一步丰富华文教育研究内容，让更多的人了解华文教育、研究华文教育，以推动华文教育事业的发展。

本丛书由社会科学文献出版社组织出版，在此我们表示衷心感谢。限于水平，本丛书若有不妥之处，还望各位读者批评指正。

是为序。

贾益民
2019 年 7 月

序 一

陈之权*

周清海教授的《汉语融合与华文教学》即将出版，让我给他的著作写序，身为周教授的学生，恩师的嘱咐定当从命，这也是晚辈的荣幸。

这本书内容丰富，题材相当广泛，涵盖语言与文化、语言教育、语言政策、华文教学、华语文在新加坡的发展、华语全球化等课题。周教授以他深厚的学养和从事语言教学与研究数十年的经验，对所涉及的课题作了深入浅出的论述，观点清晰、立论客观，所提出的观点既有时代性，也富前瞻性，书中所收录的文章，无论对语言学和语言教育的研究者或语言教学的实践者，都很有学习价值。

仔细拜读了周教授的这本论文集，加深了我对相关课题的认识，收益很大，下面就简单地谈谈本书给予我的几点启发。

当代的华文教学不能只把重点放在语言教学，也应融入文化教育。周教授说得好："语文的学习，既是学习本民族的语文，同时也是学习本民族的文化。"他认为民族的语文教育就涉及文化情感的培养，但在通过华文教学传扬华族文化的时候，须避免直面灌输，而应在潜移默化中对学生产生影响。周教授因此建议把文化的引介和现代中国结合起来，也把古代文学中那些主题仍具有当代意义的名篇（如李斯的《谏逐客书》）加以节选或改写纳入教材，再以适切的教学手段促使学生自我建构文化认知，通过语言的学习加深对文化的认识。我非常认同周教授的观点并

---

* 陈之权博士，新加坡华文教研中心创院院长，华中师范大学语言与语言教育研究中心兼职教授。

且相信，如果能够通过语言教学，促使学生了解族群悠久的文化在当代的意义以及和他们未来安身立命的关系，文化教育的收效会更大。

当代的华文教学不能只学习与吸取西方的现代教育理论，也要从中国的古代教育思想中吸取营养，然后把西方的教育理论和中国传统的教育思想融会贯通并本土化，使它们适应当代华文教学的需要。周教授在谈论这个课题的时候，便清楚地指出，在语言教学法上，我们要吸收西方的优点，同时"回归自己，看看自己"，要把中国的传统经验包含其中。他提及的古代教育智慧就包括了儒家的"因材施教"这一在当代教育中依然深受重视的教学原则。我非常赞同周教授所持的"洋为中用，古为今用"的语言教学观点，当代的语言教学除继续学习西方成熟的教育理论外，也应当多多吸取我们老祖宗的经验，让他们的智慧为我们华文教学所用。依我个人浅见，不只是儒家学派，中国的其他古代学派如墨家、道家等也都包含了非常科学的教育思想，而三百多年前明末清初的颜元，就在他的著作《四存编·存学编》中提出了我们今天非常重视的实学教育思想。这些古代教育思想，经受得起时代的考验，值得当代从事语言教育研究的学者和前线老师好好地学习与借鉴。

在多语社会里进行华文教学，应从普及开始，而后在普及的基础上提高，这是周教授在书中清楚表述的一个重要观点。我觉得这是一个非常务实的看法，尤其是在新加坡的社会语言环境里，推广华语文的学习比要求每个学生的华文都达到一个高水平更符合教学实际。周教授认为，华文普及了，每个华族子弟都有信心地使用这个语言并愿意用这个语言来表达了，华文就能够继续在新加坡保留下来。我从周教授在本书中的多篇文章中感觉到，他对华族语言文化在新加坡的发展前景是有信心的。周教授"先普及，后提高"的语言教育发展观，既能确保普罗大众具备基本的语用能力，也能提供一个较大的人才资源，国家可以从中发掘与培养足够的华文精英，为华语文在新加坡的继承与发展输送人才。新加坡从事华文教学的同仁可以从这一观点出发，一起集思广益，共同谋划具体的实施策略与方法，使华语文及其所承载的文化得以在新加坡代代相传，生生不息。

要从全球化的角度来展望华语文的发展。周教授认为，当汉语成为国际语言时，华文就不只是华人的语文，也同时是国际语文。他因此主张各地区的华语文应加强融合，在语言标准上向普通话倾斜的同时，也适当地保留各地华语的特色，并加强交流，促进了解。本着促进世界各地华语文融合的宗旨，周教授先后倡导编写《全球华语词典》和《全球华语大词典》，并倡议研究"全球华语语法"，以解决全球华语沟通中出现的问题。我非常钦佩周清海教授的远见和环球眼光以及超强的学术魄力，这些倡议可说是"功在当代，利在千秋"，所产出的成果必将对全球华语文的教学与研究，以及华语文在世界各地的发展产生深远的影响。

本书收录的篇章展现了周教授丰厚的学养、扎实的语言学底蕴和严谨的治学精神。周教授是新加坡建国之后的第一代语言学家，长期从事师资教育，培养了无数的学生，其中有不少也走上了学术研究的道路。周教授除为学生设立了一个为学的高度，也在做人方面树立了一个典范。本书的最后一部分所收录的文章中，有好几篇是他为他的同事、学生和朋友的著作所写的序文。这些序文写得情真意切，既有对作者的肯定和鼓励，也有从著作中产生的共鸣，这些序文，有的表达了对同事的勉励，有的流露了对学生的关爱，有的展现了对朋友的支持，笔下尽是肺腑之言。

有幸成为周清海教授的学生，感谢他邀请我为他的著作写序。这些年来，周教授也对我的工作和研究提供了宝贵的意见，给了我很多非常有见地的建议，他的为学做人的态度，更是我学习的榜样，特写此序感谢师恩。祝愿周教授身体健康，生活美满，幸福快乐。

序 二

潘秋平[*]

周老师是我在新加坡教育学院接受师训时的老师，那时他除了是系主任外，也负责给我们上华语词汇教学。毕业之后的好些年里都没和周老师保持联系，一直到七八年前，因新加坡华语语法专题研究再次和他见面。这之后，由于专题研究的缘故，和周老师的接触也渐渐多了起来，而在这个过程中，他都不吝给予许多的教导和帮助，让我很是感激。周老师几个月前提议让我为他的新书写序，我惶恐不已，深感能力不逮极力推辞，但他坚持说我既然成长于这片土地，对书中所提到的现象应会有想法，于是硬着头皮把自己的一些很不成熟的读后感书写于下，希望能不辜负周老师的嘱托。虽曰读后感，但这里头有许多其实是在和周老师闲谈时碰撞出来的想法，他不一定同意，但很鼓励我继续思考。

周老师是新加坡建国总理李光耀先生的华文老师，而书中多处提到了他和李先生就新加坡华文教育的看法，很值得我们重视。对新加坡华文教育的历史发展做评价，这本是个极容易引发争议的课题，因这里头牵涉的因素极其复杂，其中就包括了地缘政治、冷战历史、经济发展、族群意识等。周老师在书中提到一个很有意思的观点，即在对待新加坡华文教育的发展上，存在从国家前途和从拥护华文教育两种立场的对立。由于这种对立根深蒂固，我们其实就不难理解"华文沙文主义"和"终结华文教育"等指控为何在新加坡不算太长的历史里会在沉寂后又一再浮现。这或许就说明了我们这个国家虽通过双语教育来确保华文教育得

---

* 潘秋平博士，新加坡国立大学中文系副教授。

以延续，但始终未能在这两种立场中寻到一个平衡点，既保障国家的生存发展，也让华文教育深具生命力。这个平衡点是否存在，我们并不知道，但如果经过一番思考和辩论之后，这个平衡点确实不存在，那么我们或许就只能在两个对立的立场中选择其一，搁下过往的包袱，重新出发。这是一代人的工作，但世界变化诡谲，寻找平衡点的工作或许也会随着一两代人的更替而变得毫无意义，三十年河东、三十年河西的形势也可能使得两个对立的立场相互渗透，让问题变得更加复杂。

周老师在书中指出华文华语在今日的新加坡比他做学生的时代更为普及，原因就在于双语教育政策的实行，改变了 1965 年之前英校生不必修读华文的情形。有鉴于此，他对双语教育有如下的评价：

> 我国的双语教育政策，不只解决了母语的政治问题，解决了我国成长时代就业不平等的社会问题，也将不同的、两极化的华英校学生，拉近了距离，而且在建国过程中，为母语提供了一个浮台，让母语保留了下来，更加普及化，并对我国的发展做出了贡献。虽然，我们的母语程度稍微降低了，但这样的牺牲也是无可奈何的事。

正如他所指出的，双语教育政策的推行对新加坡社会影响深远，但如果细究，可发现在具体的实践上，1979 年是一个重要的分水岭。在这之前，在双语教育政策下，华校生以华语为第一语，英语为第二语，而在英校修读的华族学生则多以英语为第一语，以华语为第二语。这是大家熟知的历史事实，但在这个论述中，忽略了对教学媒介语（medium of instruction）进行观察。1975 年《南洋商报》上的一则关于李昭铭的报道很能说明问题。该报道引述时任教育部长李昭铭在特刊中的话，指出从 1974 年起，新加坡教育部已在学校里更进一步增加第二语文教学时间。由于当时的华文报章对此的报道甚少，因此只要结合当时《海峡时报》的相关报道，可知行动党政府在推行双语教育政策时，为避免第二语在英校和华校里成为单科教学，订下了在 1975 年时把学生在学校接触第二语的时间提高到整体教学时间的 40% 或以上。1979 年发表的"吴庆瑞报告书"对这项措施进行了检讨，认为它在华校里不但无助于提升学生的英文的成绩，反倒使数理等科的成绩降低，因此宣布取消了这项措施。

虽然如此，同一份报告书也指出同一项措施对英校里的华语成绩却是产生了显著的提升作用。对于同一项措施为何在华校和英校里会产生截然不同的效果，这在当时未引起足够的重视和讨论，甚是可惜。"吴庆瑞报告书"除了让母语在英校里成为单科教学外，也建议降低学校里母语为第一语及第二语的水平。在同一年发起的讲华语运动，虽诚如周老师所指出的，并非"为了给华社一些安慰"，但若将它也放在上述的背景下来审视，则可发现随着华文在学校里成为单科教学，再加上所要求的语文水平也跟着降低，如果要坚持双语教育的理想的话，家庭就必须承担起比 1979 年之前更大的责任。

周老师在书中多次提到 1979 年发起的讲华语运动及这个运动的重要性，而我们认为还可以进一步把这个运动放在当时家庭语言和学校的教学媒介语不协调的背景下来观察。这两者之间不协调所导致的问题，是双语教育研究者极关心的课题，因此在文献中有许多论述，而我们在 1979 年所做出的努力其实就是为了解决上述的矛盾。虽然如此，讲华语运动本身力求改变家庭语言，使之从汉语方言变成华语，而根据双语教育的研究成果，类似的做法会衍生出减损式的双语现象（subtractive bilingualism），进而影响孩童的身份认同。周老师在书中几处表达了对学生在认同感上转移的担忧，而我们认为这种转移如果确实发生，或许正可以从这个角度获得解释。

周老师在他另一本著作中也对目前教育部采取的"保底不封顶"的华文教学原则提出了自己的看法。他虽认为"华文的'保底'，新加坡还做得不错，至于'不封顶'，要面对中国崛起二三十年后的华语文应用局面，新加坡仍需继续努力"，但也认为"现在提出的'保底不封顶'是一个政策上的决定，但专业上应该如何加以落实，仍值得教育工作者继续探讨。对'底'和'顶'都应该有清晰的概念，才不至于让'保底不封顶'沦为动听的口号"。这是个很正面且中肯的建议，而我们认为如果对 1979 年之后华文教育的发展进行简单的梳理，可更清楚地看出"保底不封顶"隐藏的难题。1979 年之后，在分流制度及源流统一的背景下，华文科除了成为单科教学外，也从原来的华文第一语和华文第二语两类课程衍生出了更多、更细致的分类，以致在今日的中学华文课程中有了高级华文、快捷华文、普通华文、华文 B 和基础华文。在五种课程中，如果姑且以华文 B 为最容易的课程（因考试不计分，只算及格与否），那么我们只能假定这是目前能接受的"底"。这个"底"是否太高，抑或是太低，都可以讨论，但如果我们扣紧新加坡建国时推行双语教育政策的初衷来考量，或许必须回答的是这个"底"是否足以让学生传承华族文化。周老师在本书中很正确地指出华文教学不能忽略文化成分，应是对一些学者做了委婉的批评，而这个批评对于我们这一代人思考新加坡的华文教学的定位和要求是个很好的提醒。

目　录

·汉语融合时代的语言与文化教学·

·大华语视角下的语言研究与词书的编撰·

汉语融合时代的
语言与文化教学

华文教育与文化谈 [*]

我想跟大家谈谈以下几个问题。

一 字和词的问题

我用八个字描述现代汉语："古今杂糅，南北混合。""南北混合"容易理解，我这里主要讲一下"古今杂糅"。"救火""救命"的"救"是两个不同的意思。一个是使命活了，那就是"救命"；"救火"不是使火烧得更猛，而是止火、灭火。《论语·八佾3.6》"季氏旅于泰山，子谓冉有曰：女弗能救与?"的"救"就是"止"。

我提这个"救"字，是要提醒大家，我们的现代汉语是"古今杂糅"的语言，古的成分在现代汉语里留了很多。我跟你聊天，"聊天"的"聊"字，是谈话的意思。如果你看古文，"民不聊生"的"聊"则是依赖的意思，"百无聊赖"的"聊"就是"依赖"。"制"有"制作""控制"两个意思。"制止暴乱"和"制暴止乱"，"制"的意思是"止"，都很清楚。我们常用"制止"，不用"止制"。如果说成"止暴制乱"，"制乱"意义就模糊了。

三千多个常用字，字的意义不止三千个。有一些是古义，有一些是今义。香港某大专编的中小学词汇表，将"书"英译为"book"，而"书"字下面所列出的义项，不完全是"book"所能概括的。"书"有如下的意义：

———————————

* 本文曾以《迎接汉语大融合的时代》为题，刊登在《世界华文教学》第二辑。这里在文字上做了一些修改。

（1）装订成册的著作：一本书、书本、书籍

（2）写：书写、书法、大书特书

（3）信：家书、书信、书如其人

（4）字体：楷书、隶书、草书

（5）文件：说明书、保证书、证书

"书如其人"的"书"也可能是指所写的"字"。学生在哪个年级该学"书"的哪几个意义，该学由"书"构成的哪几个词，学生用的词典，该收哪几个以"书"构成的语词，等等，都是过去华文教学所忽略的问题。因此，无论是对外汉语教学，还是华语教学，在这个时代，都要设法减轻学生学习的负担，要求我们更有计划地教好字义和词义，而不是笼笼统统地说教了多少字。

二　教学理念：大华语时代需要彼此尊重

"蜗牛"不是"牛"，我们却说"蜗牛"。如果以现代汉语词的结构方式应该叫"牛蜗"，以"蜗"为中心，用"牛"修饰。《广韵》："蜗牛，小螺也。"《经典释文》："蜗虫，有两角，俗谓之蜗牛。"王念孙《广雅疏证》："案蜗牛有壳者，四角而小，色近白；无壳者，色近黑，其实一类耳。谓之蜗牛者，有角之谓也。"

"蜗牛"的结构和"熊猫""犀牛""雪花""蠹鱼"等相同，都是中心成分在前，修饰成分在后。赵元任先生认为："被修饰语—修饰语的造句次序，中文里是不可能有的。"[①] 丁邦新也说："总的来说，汉语无论在历史上或者方言里都没有'中心语–修饰语'这种结构存在的痕迹。"[②] 他们都说得太绝对了，汉语构词里就有"中心语–修饰语"的构词方式。台湾朋友就只看到一般的现象，没注意例外现象，才坚持将"熊猫"说成"猫熊"。

所以在对外汉语教学里，你掌握了语言的一般规律之后，也应该知

[①] 见《赵元任全集》第一卷，商务印书馆，2002，第439页。赵元任这个说法不完全对。造句没有，但构词是有的。造句里定语和状语后置，在口语、特殊文体里，如诗和翻译文学里，也还是有的，只是数量较少而已。

[②] 丁邦新：《论汉语方言中"中心语–修饰语"的反常词序问题》，《方言》2000年第3期。

道一般规律以外的东西。这些规律以外的东西，我们需要一批人收集处理，给我们的语文老师提供方便。

现在是一个汉语大融合的时代。在这个时代里，我和朋友们特别提出"大华语"这个概念。因为我们希望，全世界用汉语的人，不要彼此轻视。你不要以为我生活在汉语的故乡，我说的就是标准的汉语。别的华语区说的跟你不一样，那是由特殊时代造成的。他跟你说的不一样，不一定你就是对的。

我们对华语区的华语情况了解得不多，因此我发起编纂《全球华语词典》《全球华语大词典》以解决沟通中的词汇问题；也发起研究全球华语语法，了解华语之间的语法差距。我的提议得到陆俭明、邢福义、李宇明和周洪波等友人的支持，所以我才能做些事。我衷心地感谢这些友人。

三　教学原则：应变与因地制宜

在新加坡，看英文报的人远比看中文《联合早报》的多。可是我们电视台的华文第八频道，收看率远远超过英文的第五频道。

办报的朋友跟我交谈。我说，一些搞传媒的要关注这些问题。新加坡成人的英文程度远比华文好，他们可以从英文报章得到所需要的本国或者国际信息。华文报要和英文报竞争，就必须提供读者在英文报所不能得到的信息。华文报发展文学副刊，这些发表在副刊上的作品，只有我这个年纪的人看，读者群就非常小。小孩子的动漫、插图，却可以吸引小孩子看。今天获取知识的渠道太多了，我们会以自己最舒服的方式，去取得这些知识。这是两种语文的竞争必然出现的局面。

语文教学人员，尤其是从事华文教学的，你要灵活地根据学习者的需要，选择教材。如果对于新的东西，你可以接受，对于旧的东西，你也能够理解，那你的应变能力就很强。你可以根据需要提供其他传媒所不能提供的信息，以这些作为语言教材，将更能引起学习者的兴趣。这样编写教材，必须认真地了解当地的需要，必须和当地的语言教学者合作，才办得到。中国国内放弃以前"一纲一本"的做法，就是要适应各省份不同的情况。面对全球化，我们不能也不应该在中国编教材，而后向各地推广。这是不正确的做法。

　　台湾的高等教育设有应用华语系，我在台湾演讲时，就说："如果你走对外汉语这一条路，你埋没了台湾的人才。台湾要那么多对外汉语的教学人员吗？你怎么跟大陆竞争？"生活里无处不在应用语言，我们应该为语言应用的需要培养人才。公关、传媒、管理、金融等各个不同的领域，都需要语言人才，不只是对外汉语教学。

四　教学方法：循序渐进与结合情景

　　对外汉语教学可以延迟教汉字，先培养说话的能力。汉字今天常用的是三千个，如果加上古今词义的差别等，字义就不止三千个。"书本"的"书"，大家都在学，孩子大概会说"这是一本书""这是一本什么书"。

　　教了"书"再教"本"。但你千万不要问孩子"这是什么"，孩子回答说"书"，等到考试的时候你才让他填"一<u>本</u>书"。你应该让他听到的是"这是一本什么"，说的是"这/那是一本书"。这是最初的阶段：突出名词和量词的结合，以养成正确的名量结合习惯。

　　接下来，你可能要教"书写"。教"书写"一定先教"写"，再教"书写"。教"书写"是建立在"写"的基础上的。你给"书"增加了另外一个语义，跟原来的"一本书"已经不一样了。

　　"书写"和"大书特书""大写特写"是有关系的。这些都是书面语。

　　如果喜欢让学生念念诗的话，杜甫的诗"烽火连三月，家书抵万金"的"家书"，是"信"。

　　汉字必须要跟语义的延伸联系起来，跟孩子的用语联系起来，跟哪个场合、哪一种年龄的用语联系起来，千万不要以为你教了一个"书"字，就解决了一切。从"书"，到"书写"，到"大书特书"，到"书信""家书"，等等，教学人员的心里必须有数，才能结合需要进行教学。

　　今天，我们没有人往这里思考。为什么？因为你们都在汉语的故乡里长大，在语言的浸濡中学会了"书"的所有意思。但在对外汉语教学里，从业人员不能只知道教汉字，不知道一个汉字可能有不同的意义。在教学中老师需要对一个汉字的不同意义，做好安排。

这里又涉及另外一个问题：你在什么地方教汉语，在中国香港、在新加坡、在泰国、在美国……？孩子们经常接触的是哪一些词汇，这些词汇在哪一种环境里用？各地区是不一样的。只有周到地考虑这些问题，才能处理好"字义"和"词"的关系。不能以为一个字只有一个意思，这样会造成学习的浪费。

五　教学模式：沉浸式教学源自中国

语言的掌握是一个内化的过程，这个内化的过程在什么情况下出现呢？就拿我自己做例子，我小时候的朋友有华人，更多的是马来人。我打架的对象是马来的小孩子。你可以想象，我用马来语跟他们吵架或者打架，我的马来语就学上来了。我说马来语的流利度，远远超过许多新加坡华人通过课堂学习的马来语。我是通过语言习得学得马来语的。语言习得是我们学习语言最好的办法。

在新加坡学习英语或者华语，比在其他地方有优势。新加坡是个双语社会，提供了语言学习和语言沉浸的机会。我们有双语的传媒、双语的社会交际环境，这是其他地方所不具有的。

沉浸式汉语教学不是外来的，我们的老祖宗早就发现了。《孟子·滕文公下6.6》有这样的一段："'有楚大夫于此，欲其子之齐语也，则使齐人傅诸？使楚人傅诸？'曰：'使齐人傅之。'曰：'一齐人傅之，众楚人咻之，虽日挞而求其齐也，不可得矣；引而置之庄岳之间数年，虽日挞而求其楚，亦不可得矣。'"

这一段涉及当语言教师的应该是以这种语言为母语的人，也强调语言学习者所处的环境对语言学习的影响，最后提出语言沉浸的重要性。

我们今天的语言教学法受西方的影响非常大。我担心的是把西方的语言教学理论当成一切，所以我特别提出来：接受西方的经验没问题，可是要考虑怎样把他们的经验本土化。大家回忆一下，我们的考试制度是从什么时候开始有的？我们那么长远的考试制度，对西方的考试制度有多大的影响？西方的公务员选拔是模仿我们的，西方的行政体系很完整，其实是来源于中国。因为我们整个文明的发展是最久远的，是走在西方的前面的。

所以我希望，我们吸收人家的优点，同时也回归自己，看看自己。希望将来能看到谈语言教学法不再是从英文翻译过来而已，而是包含了中国的经验。《论语》里孔子和学生的谈话，有许多就包含了"因材施教"的道理。今天我们连老祖宗的许多教学经验都不提及，那是多么可悲的一件事。

六　教育策略：教学人员国际化，文化潜移默化

我想要大家注意，以中国这样的发展情况，二三十年后，学习和应用汉语的人将越来越多。这个语言，应该叫"华文"，还是"现代汉语"？如果把教现代汉语或者教华语的人，只局限于中国人或者华人，在全球化的环境下，这是非常不利的。

教英语的人一定是美国人和英国人吗？可能不是。在印度，有很多印度人在教英语；在马来西亚，有很多马来西亚人在教英语。我们要往这个方向去想。我希望学这个语言对少数民族有优待政策，不只是少数民族，还有全球各地的人民。我希望中国能多送一点奖学金给马来人，给印尼人，或者给菲律宾人，把他们吸收进来，读完了，他们回去教汉语。这个语言，就是他们吃饭的工具。将汉语和汉族紧密挂钩，不一定是好事。从汉语的国际化观察，只有在外国人也教汉语的情况下，汉语才能真正成为国际语言，而不只是华人的语言。

语言教学里谈文化的问题，我强调应该潜移默化，让学习者不知不觉地接受。另外一个重要的问题，是应该把我们的文化跟现代中国结合起来。这方面需要大家进一步思考：现代中国和中国文化的关系是什么？"社会主义"是外来文化吗？有中国特色的社会主义和我们的文化有什么关系？

七　教材：顺应时代，善于引导

我举秦朝李斯的《谏逐客书》为例，说明语言教学应顺应时代，并且要善于引导。

《谏逐客书》这一课是文言文，教学时可以不教整篇，教的是最后一段。前面两段很长，都可以删掉。有人会问我了，前面的两段怎么办？

我说你如果要教的话，用很好的现代汉语翻译，让学习者知道第一段、第二段说些什么。你要精读的是最后一段。

文言文教学不用整篇，要选读段落。这个概念不是我发明的，是吕叔湘、叶圣陶和朱自清编《开明文言文读本》所走的路。可惜很少人注意吕先生等人所提倡的。今天我要把这个观点重新提出来。

如果我教《谏逐客书》第三段，第一，我得考虑怎么使《谏逐客书》与现代有关系。这一篇是讨论外来人才的问题，而外来人才是现在全世界所面对的问题。我们的老祖宗怎么处理外来人才的问题？

李斯是外来人才，在秦王底下做事。如果你是李斯，你要写一封信给秦王，你要怎么写？你要设计文章的结构。所以第一、第二大段要用现代汉语翻译留下来，让学习者了解文章的结构。你在一个机构做事，有一个计划，让你写计划书，你要怎么写？

李斯写这封信给秦王，一定要让他看了第一段，会接着看第二段，然后第三段以"泰山不让土壤，故能成其大；河海不择细流，故能就其深"为总结。

第二，你要考虑的问题是李斯是在被逐之列的，他这封信要送到秦始皇的手上，怎么送上去。在《史记》的《李斯列传》里，你找不到任何资料。《谏逐客书》只是《李斯列传》后面附的一篇文章，清初的吴楚材把它选到《古文观止》里面，没有任何背景说明。

是李斯自己把这封信送到秦始皇手上的吗？绝对不是，李斯当时是在被逐的范围。那把这封信送到秦王手里，谁是最可能的？我以为是赵高，指鹿为马的赵高。为什么？因为赵高当时已经是大权在握了。秦始皇出巡了全国回来，在半路上死了，换太子的人就是赵高。赵高偷换太子，把秦始皇死的消息隐瞒起来。谁支持赵高？李斯。这是政治买卖。李斯在逐客的事件上得到好处，后来付出的是支持换太子。你说赵高会信任他吗？所以李斯的悲惨下场是必然的。

如果我们把这些东西，给这一批将要踏进社会的年轻人阅读、思考，那是很成熟的思考啊！比整篇阅读《谏逐客书》要有意义得多。

语文教学中，整篇阅读《谏逐客书》的，包括马来西亚、中国台湾、香港等地，中国大陆也这么做。今天学生要学的东西太多了，以前不必学电脑，不必学外语，也不用学物理，等等。清代只要背《古文观止》里的文章，就可以参加考试。今天时代变了，你在语言上加重学生的负担，在文化上硬邦邦的，没有引导，学生就看不出学习《谏逐客书》的意义。所以我说如果要读《谏逐客书》，就应该和现代的需要结合起来。

八　政策评述：新加坡的华文教育政策

新加坡的华人，就我这一代，有多少人能有我这样的中文修养？整个国家的国民都需要有像我这样的文史修养吗？

五百多万的新加坡人要谋生，哪种语言是最重要的？英语！所以英语是新加坡人谋生的工具。除了这个之外，对于新加坡的马来人、印度人和华人来说，英语是一种外来的语言，跟这三大民族没有丝毫的关系。但是，如果我们用华文作为行政语言，马来人、印度人很难学，种族的矛盾就会发生，所以我们以英语作为行政语言。新加坡人要生存，民族之间要和谐相处。我在学英语，你也在学，你不是学我的语言，因此，英语本身就在这种特殊情况下留了下来。这个政策对吗？对的。不然新加坡没有今天，这就是实用主义。

华文的程度应该定在哪里？我们认为，普及比提高更重要。如果每个人都能说华语，华语就能在新加坡留下来。语言教学人员要让学习者有信心地用这个语言，愿意用这个语言来表达。只要学习者开口说话，就是值得鼓励的，太多的纠错纠正，我相信是没有必要的。新加坡和各地的华语，出现自己的特点，是在应用中难以避免的事。只有在交流中，才能让各地的华语互相靠拢。

接下来的问题是，怎么样培养华文的尖端人才。这才是重要的，这也是我们没办法解决的问题。我有三个孩子，两男一女，但没有一个跟我学中文，他们总是跟我说，爸爸你不要总是跟我说做老师、做研究了，我们又没兴趣。所以我的大儿子是在金融界的；女儿是研究生命科学的，在大学里教书，她很满意，很投入。我的老三也是在银行界，但是他们的华文都非常好，我的老大到北京、上海来，开会交谈用华语都完全没有问题。女儿到中国参加研讨会，发表论文用英语，但回答提问能用华语。她对我说，参加会议的中国学者曾有人问她：什么时候移民新加坡的？

九　新加坡华族身份认同培养：潜移默化

我有一篇文章发表在《汉语学报》第一辑上，谈了这个问题。我说：
"一个国家的民族，如果不能保留它对国家的认同，同时也不能保留对自
己本民族文化的认同，那么这个国家是在为欧美国家制造人才的教育基
地。"这是很关键的，你的人才送到美国深造，留在了美国，那你自己怎
么办？我女儿对美国的实验室很满意，因为那所大学的医学研究设备比
新加坡的好。我的女儿一回国就跟我说："我将来找不到这样的实验条件
了。"我问她为什么，她说她研究的是如何通过纳米技术将断裂的脊椎神
经连起来，很多半身不遂的人就是没办法将脊椎神经连起来，这问题到
现在还没解决。我希望她能够出成果。我又问她：那为什么要到美国呢？
她说因为那个实验室可以将整只羊切掉，只剩下脊椎，而新加坡没办法。
她的所有试验都建立在细胞基础上，细胞培养，美国的条件是很好的。
可是她留在了新加坡。我对我的孩子都是没有要求的，可是他们都回来
了。所以这是一个重要的问题，就是你的归宿问题。

那怎么样让他们有归属感？新加坡前总理李光耀先生就常常说一句
话："新加坡如果失败的话，我们三百万人口，你西方国家养吗？"按照
西方那个言论自由的标准，新加坡要出乱子的。那么小的一个地方，如
果派出去的维和部队，死掉十几个人，在新加坡就是不得了的事。所以
我们要人民知道的是，我们是新加坡人。在很多地方都提醒你，我们是
新加坡人，这是第一个观点。

第二，我们是华族。我们的身份证还是有中文的，我的孩子也没有
洋名。这就让你知道你的语言习惯、生活习惯，尽管你跟洋人相处在一
起，但是是有差距的，这也是一个潜移默化的过程。

至于语言程度，我并不担忧。我们在大家能接受的程度上面推广华
语文。我们也注意培养5%或者3%的人，成为尖端的华语人才。普及的
问题不大，今天所有的华语区，华语说得最好的，是新加坡。如果跟中
国香港相比的话，我们最大的资产是华语的普及。香港要追上来，我告
诉你，那非得用上十几二十年的时间不可。新加坡人对说华语没有偏见，

香港更热爱粤语。这是香港社会的共识，需要很多年才能调整过来。我儿子的华语发音比我好，我女儿的华语发音也比我好。这些都是进步。

十　语言规范：向普通话倾斜

华语区的人应该知道，向普通话倾斜，你喜不喜欢，都要向普通话倾斜。

无论是海外的华语或者普通话，都有共同的核心，我今天说的话你都听得懂，就说明了这一点。台湾人在大陆有100多万，他们在这里受教育，在这里生活。他们会不会受你们的影响？必然会的！

语言里面，最核心的东西，最保守的东西，是语法。古今语法其实是一贯的。所以在很多场合，我说：古今汉语语法的差距是很小的，不要写一本古汉语语法书写得那么厚，其实这里面大概只有1/5是有差距的，其他都和现代汉语语法相同。老祖宗留给我们的语言，到现在语法核心还是没变。汉语里头"无主句"是我们的特点。"下雨了"，是我们的语法特点。一定要说"天下雨了"吗？不是。英文需要给句子加上一个主语，英语不可以说"is raining"，必须说"it's raining"，这个it是一个虚位主语。英语是一个必须有主语的语言，而汉语不是。这是中西语言不同的一个特点。这个特点自古如此，"学而时习之，不亦说乎"就没有主语。清人马建忠在《马氏文通》一书里，就已经指出来了。

你不要担心汉语的核心会失去。月亮还在那个地方，永远在那个地方，问题在于月亮的旁边，加了很多黑云，月亮就开始有点模糊了。那个黑云是历史造成的。至于说"千江有水千江月"，那只不过是月亮的倒影，月亮只有一个。

冯友兰是研究中国哲学和哲学史的学者，读过很多古书，他到过延安。你看看冯友兰的日记，他在里面说他到延安时，很多词，延安用的，他都懂，但意义是不一样的。当时国统区跟解放区的语言已经不同了。国统区的语言是士大夫阶级的语言，如果蒋介石写出现代汉语这个样子的句子，人家就会说他没有学问。这个传统保留在台湾。中国朋友给我的信用的是"尊敬的周清海先生"。刚开始我不习惯，我写信不用"尊敬的某某人"。现在我也习惯了。

　　1949 年之后，有些高级知识分子留在中国大陆，还有一些通过广州到香港，更有一些，到了台湾。人的流动跟语言的流动是有关系的。所以 1949 年以前的语言状况怎么样，看现在的台湾，就可以想象当时的语言状况。中国改革开放之后，语言开始大融合，现代汉语里出现了许多从华语融入的现象，华语里也出现了现代汉语的用词，已经到了你中有我、我中有你的境界。这个融合正在逐步加深。

　　　　　　文字整理：钟慧（华侨大学）、刘丙丽（华侨大学）

从全球化的角度思考语文
教学里的文化问题*

　　从民族的观点来看，语文的学习，既是学习本民族的语文，同时也是学习本民族的文化。

　　这和对外汉语教学里处理文化不同。在对外汉语教学里，涉及文化的教材，都只要求了解文化，并不把认同这种文化作为学习的目标。教材除了照顾语文的程度之外，都是比较客观地介绍中国文化，只提供理智的认识，并不包括培养文化情感，更不期望学习者认同中华民族文化。

　　民族的语文教育就涉及文化情感的培养。华语区华语文的教学目标，就包括语文和文化这两个部分。这两部分是同等重要的。在全球化的环境下，从民族的观点来看，语文学习里的文化问题，就显得特别重要。我认为：华人大都会里的语文教学所面对的是国际化、现代化、本土化和民族化的问题。在教学内容方面，将更突出国际化与现代化的重点。……但是，国际化和现代化必须以本土化为基础，因此加强民族传统文化教育……将更受重视，借以树立民族自尊、自信和自豪感。也就是说，在面对国际化和现代化时，这些地区的教育将更重视价值的取向。

　　如果教育里的文化价值取向没有处理好，华语区的中学、大专院校将成为为先进国家培养人才、输送人才的教育基地。

　　从华语区来看，语文学习里的文化问题，既和各个地区自己的认同有关，也和华语区之间的共同的文化认同有关。各地区除了强调本土意识、培养国家意识之外，民族的共同文化认同，也是不容忽视的。

---

　　* 本文曾刊登于 2013 年 12 月 27 日的《联合早报》。

我们应该思考：华人之间的民族认同，怎样在不同的语文程度里体现出来，怎样在不同的社会制度下体现出来？

语文教育里的文化课题和民族认同关系密切。文化问题涉及语文的认同，是不可取代的。语文教学里的民族文化得不到重视，就是忽视了语文的认同功能。语文认同消失了，民族也就消解了。没有民族认同的人群，是没有根基的。

新加坡的双语教育算是成功的。年轻的新加坡人都在不同程度上掌握了双语。但是由于英语是强势语言，其既是新加坡的行政用语，也是国际语言，因此掌握了主流语言——英语，就无往而不利。新加坡40多年双语教育的结果，使得新加坡人普遍向英语认同，最近，年轻的新加坡人甚至提出"英语是我们的母语"这样的论调，就是对英语认同的具体反映。

从母语教学的角度看，语言能力的问题和文化的问题，是同等重要的。新加坡的华文教学，有一部分语言教育工作者和研究者主张将华文教学向外语教学的方向推进，强调只以语文学习为目标，减少文化成分。我认为这是非常危险的，这是在制造新型的海峡华人。旧的海峡华人是以马来语和闽南方言为主，人数也少。如果新加坡华人的语文认同转变了，所制造的将是大批以新加坡英语为主的新型的海峡华人。这样的取向，会让语文认同消失，也会让民族逐渐消解。

新加坡的例子凸显了学习主流语言所带来的对母语和母语文化认同的压力，也说明了母语教育中涉及民族认同和语文认同这个核心问题，是不可忽视的。

华语区的华文教材必须维持语言的最大共同点；文化方面，也应有共同的内容。共同的内容，是维系文化认同所必需的。只有在文化和语言方面有共同的核心，才有利于华语区之间保留共同的文化认同，才有助于华语区之间的交际往来，也才有利于华语走向世界。

在华语扩大它的用途时，华语区的语文教材容纳不同华语地区的作品也是必须。各地不同的作品、语言现象，可以让语言学习者了解其他华语区的社会与语言，方便学习者以后与其他华语区交往。因此，我们的语文课程与教材，就不能只考虑自己内部的需要，而必须从整个华语区的需要着眼。过去，语文教材只选中国大陆的作品，这种做法应该适当地加以调整。

怎样维持语文教材里共同的文化核心？哪些是我们共同认可的核心？这些值得我们关心和讨论。

华文的教学，也涉及古汉语的学习，这也和文化有关。为了文化的需要而学习古汉语，应该考虑如何才能减轻语言学习者的语言负担。从文化传递和减轻语文负担的方向考虑，我们应该处理好古文和现代文字融合的问题。在高级华文的选文里，古文和现代文字，是各自独立的、分开选取的，虽然编在同一本课本里，却没有有机地结合起来。

我认为，选文的内容决定了华文阅读课程是否具有挑战性，因此提议以内容为纲，结合古今中外的资料，重新给华文教学定位。至于语言文史等各种知识，都应该跟阅读的选文配合，随阅读选文的需要进行教学，而不是成系统地教学。

吴楚材、吴调侯编《古文观止》的时代，文言是通行的语文，书写文言是当时必需的条件，因此必须阅读全文，甚至背诵全文。现在已经不同了。我们必须以现代的需要，重新加以考虑。

李斯的《谏逐客书》，是华语区共同的教材，它的时代距离现在非常遥远，学生的阅读兴趣一定不高。如果我们用"外来人才"为课题，选取现代讨论外来人才的文章，结合现代各国的人才引进政策，以及阅读《谏逐客书》来进行教学，就能将古今文字和中外知识结合起来。

《谏逐客书》可以只阅读最后一段，因为这一段的"泰山不让土壤，故能成其大；河海不择细流，故能就其深……"，已经成为现代汉语的一部分，可以提高学生的语言素养，有学习的价值。

我们也可以将文章和现代的人事关系结合起来，引导学生思考。我们可以提示学生：李斯是外国人，他要写一封和当时可能出现的政策相反的信，他必须注意些什么；写这样的信，要不要注意秦始皇的性格；秦始皇是一个怎样的人；要不要注意文章的结构；文章哪些地方写得好；等等。甚至可以让学生推测一下，李斯是通过怎样的人事关系将这封信送到秦王手中的。如果学生比较成熟，也可以让他们从网上找一些评价李斯的文章，作为课后阅读的材料。

我们把文言的阅读教学和现代的需要接合起来，才能让教学更有意义。《谏逐客书》的前面两段，如果需要，可以用白话翻译替代。这样，学生的阅读负担就减轻了。这样处理《谏逐客书》，既照顾了文化的认同，也能培养学习者的民族信心。

文化行为，是人的行为。中华民族的历史，记载了、表达了不少对人的行为的看法，比如对人才的分析以及怎样选用人才，这些课题都不是只有西方才注重的。《资治通鉴·周纪一》里就有一段对人才的论述，非常精彩、深入：

> 是故才德全尽谓之圣人，才德兼亡谓之愚人，德胜才谓之君子，才胜德谓之小人。凡取人之术，苟不得圣人、君子而与之，与其得小人，不若得愚人。何则？君子挟才以为善，小人挟才以为恶。挟才以为善者，善无不至矣；挟才以为恶者，恶亦无不至矣。愚者虽欲为不善，智不能周，力不能胜，譬之乳狗搏人，人得而制之。小人智足以遂其奸，勇足以决其暴，是虎而翼者也，其为害岂不多哉！夫德者人之所严，而才者人之所爱。爱者易亲，严者易疏，是以察者多蔽于才而遗于德。自古昔以来，国之乱臣，家之败子，才有余而德不足，以至于颠覆者多矣，岂特智伯哉！故为国为家者，苟能审于才德之分而知所先后，又何失人之足患哉！

这样精辟的论述，在现代讨论用人的文献里，却不见引用。

如果我们对自己的文化没有深入的了解，就可能出现文化虚无主义。如果缺乏对自己文化的肯定，不只不能保持自己的文化生命力，不能充分吸收各种适应时代要求的外来文化，也不能对人类文化的发展做出贡献，而更可悲的是将失去民族的自尊。

为了减轻学习者的语言负担，放弃文言范文选读，结合文化需要，重新安排教材，恐怕是我们在面对全球化、现代化的情况下，保留民族认同、语言认同、文化认同的唯一出路。

中国国民的语言文史修养[*]

——在华中师范大学面向文科生的演讲

华中师范大学校长马敏教授邀请我作为"世界杰出华人学者"访问贵校，这是对中国以外研究中华语言文化以及其他学科的华人学者的肯定。我感到非常荣幸。我必须先向大学校领导、院系领导以及老朋友邢福义先生致谢。

这个邀请，给我提供了机会，让我思考问题，并且在这里和同学们交流。大学生是决定国家未来命运的一代，能在这里与你们交流，更感欣喜。

今天，我的演讲将集中在三个重点上：大学文科本科生需要具备的语言文史知识与能力；从词典的编纂看编者的语言能力；从语言文化的负担看中文作为母语教学所面对的问题。

一 大学文科本科生需要具备的语言文史知识与能力

一个大学文科本科生，除了具备本科的专业知识之外，也应该具备良好的语言能力和文史知识。语言能力包括两个方面：语言的运用能力和对语言现象的解释能力。我认为现代汉语是"古今杂糅、南北混合"的语言，因此掌握现代汉语，也应该包括对这些"古今杂糅、南北混合"现象的掌握与了解。

文科本科生应该具备哪些语言能力，掌握哪些文史知识？让我们结

---

* 2010 年 10 月 18～24 日，笔者受邀访问华中师范大学，并做了两次公开演讲，这是第一篇。面向语言专业研究生的演讲《汉语融合时代的语言与语言教学研究》是第二篇。

合古汉语举一些例子来说明。

（1）唐代诗人杜牧的《山行》是大家熟悉的一首绝句：

> 远上寒山石径斜，白云生处有人家。
>
> 停车坐爱枫林晚，霜叶红于二月花。

我们先讨论诗的文字问题。英国的汉学家 A. C. Graham 这样翻译：

Travelling in the Mountain

Far up the cold mountain in the stony path slopes;

Where the white clouds are born there are homes of men.

Stop the carriage, sit and enjoy the evening in the maple wood;

The frosty leaves are redder than the second month's flowers. ①

诗里的"停车坐爱枫林晚"的"坐"理解为"坐下"，被翻译为 sit，是错误的。这个"坐"不是"坐下"而是"因为、由于"。《乐府·陌上桑》的"来归相怨怒，但坐观罗敷"的"坐"就是"因为、由于"。同一个词，古汉语和现代汉语意义不同，这位汉学家在这方面认识不足。他如果参考王力先生的《王力古汉语字典》（中华书局，2000）或者《古代汉语词典》（商务印书馆，1999），这种错误也就可以避免。知道古汉语和现代汉语的词义可能有差距，知道该参考什么书籍，这是重要的。

再从诗的内容看。网上讨论这首诗的资料很多，大抵是说诗中描写了寒山、石径、白云、人家、霜叶这些景物，构成了一幅秋山枫叶图。诗人重点描写了寒秋红叶，赞美了它虽然经过寒霜摧打却依旧焕发活力。全诗能让我们感悟到寒秋枫叶所具有的顽强生命力和傲霜斗雪的坚强性格。

更有人认为，寒霜出现在岁末，经历寒霜摧残的植物，应随时不支倒地才是。但在杜牧的笔下，红叶仍然比春天的花朵更耀眼。杜牧要告诉我们的是，初春的年轻，美在容颜；而半百的岁月，魅在智能。每个人应随时把自己准备好，霜叶才能红于二月花。大地就是充满禅机，谁说半百以后没有好岁月？

茅盾在《霜叶红似二月花》新版后记里说："我以为……暗示的意

---

① A. C. Graham, *Poems of The Late T'ang*, The Penguin Classics, 1965, p. 133.

思，大抵是这样：少年得意的幸运儿虽然像二月的花那样大红大紫，气势凌人，可是他们经不起风霜，怎及得枫叶经霜之后，比二月的花更红。这样，霜叶就比喻虽不得志但有学问抱负的人，也可以说，杜牧拿它来比自己的。"

茅盾并且将"霜叶红于二月花"的"于"改为"似"，用作自己小说的书名。他并且提供了自己的新解，说："如果拿霜叶作比，这些假左派，虽然比真的红花还要红些，究竟是冒充的，'似'而已，非真也。再如果拿1927年以后反革命势力暂时占了上风的情况来看，他们（反革命）得势的时期不会太长，正如霜叶，不久还是要凋落。这就是我所以借用了杜牧这句诗，却又改了一个字的理由了。"

除了茅盾将枫叶的"红"另作解释之外，一般欣赏诗的人都认为诗是赞美红叶傲霜斗雪的精神，红叶正像年老而生命力依旧、斗志犹存的老人。

这首诗，儿子合适用来比喻或者称赞自己的母亲吗？说自己的母亲"枫叶红于二月花"？我的一位朋友这么问。我的回答是，"由一辈子陪伴她的另一半——你的父亲引用，就更为适当了"。同学们同意吗？为什么？从作者的写作背景以及作者对红叶的赞赏看来，用在母子之间，我认为是不适当的。

（2）新加坡有一位非常有名气的、英文教育出身的经济学家，他也喜欢中华文化。他讨论东南亚经济问题的论文集再版时，我出席了新书发布会。在他的新书里，我看见第一页上引了《论语》"四海之内，皆兄弟也"，注上"孔子说"，并且也将这句话翻译成英文。

我对他说，孔子没有说过这句话。他大为惊讶，认为这句话出自《论语》，怎么说孔子没说过呢。他一些研究中文的朋友，也没有人说这是错误的。

我回答说，如果将"孔子"改为"《论语》"，就没有问题了。这一句话出现在《论语·颜渊12.5》这一章，是子夏说的。《论语》一书里也记录了一些不是孔子说的话。

几年前，台湾一位著名学者在北京大学公开演讲，提及"孔子打学生"一事。这也是非常大意的疏忽。孔子打人一事，见于《论语·宪问

14.43》："原壤夷俟。子曰：'幼而不孙弟，长而无述焉，老而不死，是为贼。'以杖叩其胫。"

原壤是孔子的学生吗？杨伯峻说："原壤，孔子的老朋友，《礼记·檀弓》记载他一段故事，说他母亲死了，孔子去帮助他治丧，他却站在棺材上唱起歌来，孔子只好装作没听见。大概这人是另有主张而立意反对孔子的人。"[1]至于"夷"，杨伯峻解释为"箕踞"，我以为就是"蹲"，我的解释见《古文字的考释与经典的训读》[2]一文。夷夏，在孔子那个时代是俨然有别的。所谓"非我族类，其心必异"（《左传·成公四年》），孔子主张"攻乎异端，斯害也已"（《论语·为政2.16》）。难怪对老朋友用夷人的坐势等着他，他会气得又骂又打。

《民族－国家与暴力》[3]一书，也有一个类似的例子："门修斯（Mencius）的格言'普天之下只有一个太阳，居于民众之上的也只有一个帝王'，可以适用于所有大型帝国所建立的界域。"

倪乐雄《孟子变成"门修斯"——学术界必须关注的问题》（《中华读书报》，1999年2月10日）批评说：乍一看，以为"门修斯"又是一位国人很陌生的外国大师级学者，其实Mencius即中国的孟子。所谓"格言"，即《孟子·万章上》："孔子曰：天无二日，民无二王。"竟然不知道Mencius就是孟子，而用汉字音译为"门修斯"。[4]

上面的例子都是文史知识的缺失所造成的。

（3）2009年11月10日，胡锦涛主席访问马来西亚，访问日程如下：

［10日马来西亚］9时30分：离京乘机前往吉隆坡。15时30分许：抵达吉隆坡，在机场发表讲话，出席欢迎仪式，会见马最高元首米詹。［11日］上午：会见马总理纳吉布，出席文件签字仪式并会见记者，看望使馆人员及华侨华人。下午：驱车前往马六甲眺望海峡，参观巴巴娘惹博物馆，返回吉隆坡乘机飞往新加坡。

---

① 杨伯峻：《论语译注》，中华书局，2002，第159页注①。
② 文章发表于1971年《中国文字》第39期（台湾大学国文系编）。
③ 〔英〕安东尼·吉登斯：《民族－国家与暴力》，生活·读书·新知三联书店，1998，第99页。
④ 转引自周一农《词汇的文化蕴涵》，上海三联书店，2005，页256。

日程里的"马总理",正确的称呼是"首相",因为马来西亚的最高统治者是"最高元首"。

胡锦涛主席为什么要特别从吉隆坡赶两个多小时的车到马六甲去,然后匆匆赶回吉隆坡,再乘机飞往新加坡?

马来西亚的媒体没说,网上我也找不到什么信息。中国人民网上有一篇题为《倾听历史的诉说——胡锦涛主席访问马六甲海峡侧记》的文章,这样报道主席当天的话:"我早就听说马六甲海峡是世界上最繁忙的水道之一,今天到这里来确实是百闻不如一见。距今 600 多年前,中国明朝航海家郑和曾多次到过这里,现在经过这里航行的中国船只越来越多。我们要把中马两国人民传统友谊继承和发扬下去。"

难道胡主席是要看马六甲有多少油轮载原油到中国?其实,印尼人在马六甲建立马六甲王朝,那个时候华人已经在马六甲了。华人和马来人一样,都是马来亚的原住民。这才是胡主席所要传达的信息。马来人特权的根据,就是华人是外来移民。

这个例子说明,我们的媒体人对过去的研究和对当代、当地的了解都很不够。

对一个文科专业的学生来说,语言知识、历史知识、基本的国学知识和双语的能力,都是需要的。中国是一个历史悠久的国家,你们,作为国民里的精英,是不是应该更了解自己的语言、自己的文史,同时把握一定的双语能力呢?

二 从词典的编纂看编者的语言能力

好的辞书,代表的是一个国家的语言文化水准。过去,汉语语言学界和语言教学界都以中国只有一本《新华字典》为憾。1958 年终于由吕叔湘先生和丁声树先生牵头,编写《现代汉语词典》,1978 年正式出版。《现代汉语词典》是一本有代表性的词典,对新加坡的华语教学,曾做出了巨大的贡献。[①] 其他的词典,如《现代汉语规范词典》《汉英词典》

---

① 周清海:《〈现代汉语词典〉和〈全球华语词典〉》,见《全球化环境下的华语文与华语文教学》,新加坡青年书局,2007,第 67 ~ 74 页。

等，也都是相当优秀的词典。对于现代汉语的"古今杂糅"现象，这些词典是怎样处理的？我发现处理这些问题都是非常随意的。

"蚕食"，《现代汉语词典》1983 年版说："像蚕吃桑叶一样，比喻逐步侵占。"1998 年修订版改为："蚕吃桑叶。比喻逐步侵占：蚕食政策｜蚕食邻国。"除了 1998 年版的错误改动之外，《现代汉语词典》对"蜂聚、蜂起、蜂拥、鱼贯、壁立、冰释"等词的结构，都处理得很好，都知道这些词不是主谓结构，而是状中结构。

"狼奔豕突"，1983 年版的解释是："狼和猪东奔西跑。比喻成群的坏人乱窜乱撞。"其他年代的版本都相同，都处理为主谓结构。《现代汉语规范词典》是这样处理的："像狼那样奔跑，像野猪那样乱闯。比喻成群的坏人到处乱窜乱闯，肆意妄为。""狼奔豕突"也是状中结构。

"川流不息"，《现代汉语规范词典》解释为"河水流动不停，形容来来往往的行人、车马等像水流一样连续不断"，显然不如《现代汉语词典》"（行人、车马等）像流水一样连续不断"。文言里以名词修饰动词，是普遍的现象，如"豕人立而啼"的"人立"，是以"人"修饰"立"，句子的意思是"猪像人一样地站着叫"。"川流"就是"像河流的水流一样"，也是状中结构。

这类状中结构的双音词还有"鼠窜""席卷""云集"等，成语如"涣然冰释""土崩瓦解""星罗棋布""狼吞虎咽""鼠窃狗偷""烟消云散"等，都是包含了以名词修饰动词的现象。《现代汉语词典》将"狼吞虎咽"解释为"形容吃东西又猛又急"，将"鼠窃狗偷"解释为"指小偷小摸，比喻进行不光明的活动"，都是不适当的。"云散"，却可以是主谓结构——日出云散；也可以是状中结构"像天空中的云一样散开"——旧友云散。

从《现代汉语词典》和《现代汉语规范词典》等辞书对状中结构的处理，可以知道编者们对这类古汉语的语法现象，认识不足，所以把握得不好。

"何去何从"，《现代汉语词典》解释为："指在重大问题上采取什么态度，决定做不做或怎么做。"《现代汉语规范词典》增加了"去：离开；从：跟随"的解释，显然是比较好的。但这个成语所包含的语法现象，两部词典都没有说明。

古汉语的疑问代词当宾语，必须在动词之前："吾谁欺？欺天乎？"（《论语·子罕》）（我欺骗谁？欺骗上天吗？）"谁"是疑问代词，倒置于动词"欺"之前，"天"是名词，不能倒置。"何去何从"是"离开哪一个，跟从哪一个"，宾语"何"提在动词"去（离开）"和"从"之前。成语"皮之不存，毛将焉附"的"焉"是疑问代词，相当于"哪里"，所以在"附"之前。

对于成语里的古汉语词义，词典也处理得不很适当，如"守株待兔"，《现代汉语词典》解释成语的出处，并且在说解中用了"撞在树桩上死去"，以暗示"株"的意义是"树桩"。《现代汉语规范词典》继承了《现代汉语词典》对出处的处理，但加上了"株：留在地面上的树桩"。王力的《王力古汉语字典》说"露出地面的树根"，是正确的。现代汉语还用的"株连"，就是这个"株"意义的引申。现在的成语图书，都画了一个农人靠着一棵大树，误解了"株"的意义。

可见，如果我们对文言有比较深刻的了解，就有助于加深对现代汉语的认识，也有助于我们的现代汉语教学。

我们对现在的词典编纂，应该有更高的要求，无论在体例的完整上，还是在收词的标准、释义的准确上。词典代表的是一个国家的语言文化水准。

三　从语言文化的负担看中文作为母语教学所面对的问题

最后，谈一谈语文教学里"古为今用"等问题。

中国是一个历史悠久的国家，国民的语言文化承担相当重。母语里厚重的文化沉淀，给语文学习增加了不少负担，再加上学习外语、学习各种学科的负担，使得我们不得不考虑减轻学生学习包袱的问题。这种承担，各地华人也共同面对。有一些国家的华人，甚至面对三语学习的难题。在这种情况下，考虑"古为今用"的问题，更为重要。

举个例子。唐朝崔护的《题都城南庄》是一首脍炙人口的诗，语文教科书或者课外读物都选录了：

去年今日此门中，人面桃花相映红。

人面不知何处去，桃花依旧笑春风。

诗里说，在偶然、不经意的情况下，遇到某种美好的事情，而当自己有意追求时，却已不可复得了。

这首诗如果和恋爱观结合，欣赏讨论，就更有意义。学生可以阅读现代讨论恋爱观、如何和异性社交相处的文章，再欣赏这首诗，教学效果可能更好。

这是"古为今用"的问题，我们必须把文言的教学和现代的需要接合起来，才能让教学更有意义。

我们如果进一步考虑学生的语文负担，《谏逐客书》这篇文章，对于非中文系的学生，只有第三段是适合他们阅读学习的，因为"泰山不让土壤，故能成其大；河海不择细流，故能成其深……"，已经成为现代汉语的一部分；而前面的两段，如果用白话翻译替代，学生负担也就能减轻许多。

我们必须以现代的需要，从"古为今用"出发，重新考虑语文教学问题。尤其是在知识近乎爆炸的时代，在全球化的年代，适当地减轻学生的语文和文化的负担，对于历史悠久的中国，这个问题是应该提到日程上来考虑的。

吕叔湘很多年前曾提出现代汉语和古汉语分科教学的问题。他说："文言和白话不一定要求一个教师教，甚至可以分作两门，各编课本。"[1]并且说："在充分掌握了现代汉语的基础上，学习文言，达到能阅读一般文言的程度，我估计至少得学习五六百课时，差不多要占去高中阶段的全部语文课的教学时间，课外作业时间还不算。还要有具有较好的文言修养的教师和合适的教学方法。现行的教材编法和课时安排都还不能符合要求。"[2]

现在教育课程的时间，没有可能做这样的分配。减轻学生学习文言

---

[1]　吕叔湘：《关于语文教学的两点基本认识》，见《吕叔湘语文论集》，商务印书馆，1983，第330页。

[2]　吕叔湘：《谈语言的学习与教学》，见《吕叔湘语文论集》，商务印书馆，1983，第319页。

的负担，其中一个办法就是不成篇的教学，只选有意义的段落，将文言与现代的选文根据内容，组成教学单元，这样不仅能达到文化教学的目的，而且能将古今有机地联系起来。这恐怕是我们今后应该思考、认真看待的课题。当然对于中文系的学生和语文教师，可以有不同的要求、更高的要求。

汉语融合时代的语言与语言教学研究

——在华中师范大学面向语言专业研究生的演讲

一 前言

我们处在一个特殊的时代——汉语大融合的时代。

1949 年之前，中国有很多学者通过中印半岛往南迁移，有很多到了东南亚，特别是新马一带，就留了下来。也有很多学者由广州到香港、澳门，然后通过香港、澳门到了其他地方去。他们带去的"国语"和"国文"，在所居地发展而形成了当地的"华语""华文"。

各华语区之间的政治制度比较接近，交往比较多，相互影响也就比较大。华语区的华人又大都是操南方方言的，华语也就不可避免地受到南方方言的影响，因此各地"华语"之间就具有相当多的共同性。香港地区报纸所使用的书面语词汇，如"坊间、公帑、诟病、绯闻、斥资"等，郑定欧认为"颇为接近早期的现代白话文"①。这些词汇，新加坡和其他华语区也用，都是"国语"现象的存留。形容词加"过"，表示比较，"我高过你""他聪明过你"，是华语的共同现象。这和普通话的"我比你高""他比你聪明"，并存在华语里。

1949 年以后，很少和海外华语区交流的中国现代汉语，在经过了无数次的政治运动之后，出现了自己显著的特点。中国现代汉语和各地"华语""华文"，差距相当明显。尤其是口语，差距更大。各华语区的华语口语，都是在没有真实的口语的基础上发展起来的。

---

① 郑定欧：《语言变异——香港粤语与广州粤语比较研究》，《中国语文》1998 年第一期。

中国改革开放之后，和华语区之间的交往频繁，在你来我往之中，现代汉语和华语的相互融合，就是不可避免的。融合的速度随着交流的频繁而加快，其中以词汇的相互吸收最为显著。目前，现代汉语吸收了相当数量的华语区的词汇，这些词汇，有些就是"国语"词汇的回流。随着交往的频繁，以及中国传媒影响力的扩大，现代汉语的输入局面逐渐转为向华语区输出。

我们可以说，1949 年以后到改革开放之前，是汉语的分离年代；改革开放之后，就开始了汉语的大融合。这个大融合的时代，给汉语研究和汉语教学研究提供了更大的平台，要求我们以更大的、更宽阔的视野，去研究语言和语言教学问题。

在这个大融合的时代里，海外华人已经从过去的"落叶归根"的心态，发展为"落地生根"。他们不再是孙中山先生所说的是中国的"革命之母"，而转变为效忠所在地的公民。他们的语言，也从乡土方言转变为华语。这些华人和中国人在语言文化上的认同，远远超过政治上的认同。

在这个新的局面下，我认为汉语与汉语教学研究必须考虑如下五个问题：

（1）从全球的视角看待汉语语言和语言教学研究

（2）重视对语言的理智分析

（3）对汉语的不稳定性应该加强研究

（4）对融合中的汉语进行研究

（5）重视汉语里的特殊现象

二　从全球的视角看待汉语语言和语言教学研究

在语言和语言教学研究方面，中国的友人们强调汉语传播，一向都是以中国为中心，眼界还没有完全开放，以致汉语与汉语教学的研究，还远远没办法满足汉语推广和汉语发展的需要[1]。

"姥姥"是"外祖母"，"老爷"（姥爷）是"外祖父"，华语区根本

---

① 周清海：《华语研究与华语教学》，收于南洋理工大学孔子学院语言文化丛书①《变动中的语言》，2008，第 100 ~ 117 页。

不用"姥姥"、"老爷"（姥爷），都用"婆婆""公公"，只有书面上或者间接叙述才用"外祖母""外祖父"。对外汉语课本都用"姥姥"和"老爷"（姥爷）。学了这个称谓，华语区谁能用？

北京的朋友对东西南北的方向特别清楚，因此在回答问路时，总是说方向："向北……""向东……"汉语课本把这个说法带到教学里去，不一定合适。因为汉语的学习已经从过去的"请进来"到现在的"走出去"了，学习汉语的人，可能在其他华语区学习、活动，我们编写的汉语课本只注意中国的用法，是不全面的，需要做一些调整。

2009年7月7日下午，新加坡资政李光耀先生在新加坡总统府接见了时任中国教育部副部长、国家语委主任郝平先生。李资政说了下面的话："新加坡有华文媒体，也有自己的一些词汇，没有办法。比如'自行车'叫'脚踏车'，'出租车'叫'德士'，'市场'叫'巴刹'。忽然间改变，听起来不舒服，不习惯。法国有些办法，世界上许多讲法语的国家和地区，如越南，非洲也有一些，把学者组织起来，相互联络，对一些新词提出意见，减少差别，对各方都有好处。中国也可以这样做，不是行政办法，用说服的办法。这方法不是统一，是减少差别。"[1]这段话就是从汉语"走出去"着眼，看语言规范的问题，以及汉语将来的变化。郭熙教授强调，规范是对中国国内说的，而华语和普通话之间，只能协调[2]。如何协调，就是今后该好好研究的。

在方言研究方面，研究者开始扩大自己的研究范围，从事海外方言研究。2008年，首届海外汉语方言研究的学术会议就在广州暨南大学召开。早期的华人移民，大部分是没有受过教育的，他们的方言只有"白读"，没有"文读"，因此很少受书面语的影响。这种差异，必然反映在方言的发展上。

研究海外方言在多语环境下的变迁、方言消亡的情况与消亡的速度、外语对方言的渗透、方言的合流与变异等，都是尚未开垦的处女地。

---

① 周清海：《人生记忆》，世界科技出版公司，2011，第187～192页。
② 郭熙：《普通话词汇和新马华语词汇的协调与规范问题》，见《词汇理论与应用》，商务印书馆，2009，第291页。

东南亚的华文教育，也应该从汉语的全球化发展来观察。当汉语成为国际语言时，华文就不只是华人的语文，也同时是国际语文，像英语一样。在这个局面下，东南亚的华文教育问题就能彻底解决。① 只有在华语的大融合中，我们才看得出华文教育的发展前景。维护和发展华人的共同语"华语"，是一项需要不断努力去做的事。

在国际化和现代化的冲击下，保留华人的共同文化特点，更显得重要。我们必须认真考虑共同文化核心的问题。哪些是华人的共同文化？怎样将这些共同文化融入语言教学？对华人子弟教华文，显然和以汉语作为外语的教学不同。这些问题，都应该受到重视。②

三　应该重视对语言的理智分析

中国的语言教育，大部分是在有口语的基础上进行的，因此语言教育被认为是"识字"的过程。识字不识字，就是有没有受过教育。语言的语法体系、基本词汇、大部分的常用词汇，早已在中国人的口语中建立了。习得的语言能力使大家都具有语言的感性认识，语感很强，因此就忽略了对语言的理性分析。对外汉语的教学人员常常面对知其然，却说不出其所以然来的窘境。但在汉语传播与推广方面，无论是对华人或者其他国籍的人士，教师需要的恰恰是能说出所以然来。

在台湾的一个演讲里，从事汉语教学的老师曾向我提问：为什么外国人学汉语，总是逃避使用"把字句"，或者使用得不正确？

我回答说，不只外国人，连香港人也逃避使用，因为粤语方言里就没有"把字句"。使用"把字句"，其中的一个条件是动词必须有补充成分，也就是说，"把字句"必须在学生学了相当数量的动补结构动词，或者动词后边有补语的结构之后，才适合教。

我们的汉语课本编写者，考虑过学生应该在学了多少个动补结构的动词之后，才教"把字句"吗？应该结合哪些介词短语充当补语，教

---

① 详细的论述，请参看周清海《语言选择与语言教育——历史与地域的观察》，见《变动中的语言》，南洋理工大学孔子学院语言文化丛书①，2009，第137~155页。

② 周清海：《21世纪大都会的语文教育》，见《汉语学报》第一期，2000年上卷，第175页。

"把字句"？在母语习得的环境下成长的语言研究者和语言教学者，对第二语言和外语学习者所面对的困难往往缺乏了解。

汉语走向世界，学习汉语的人，无论数量还是语言背景都和过去大不相同，因此，要求语言教学者，对所教的语言，有深刻的认识；也对语言研究者提出加强汉语研究和汉外语言对比研究的要求。陆俭明和马真教授不断呼吁重视语言本体的研究，是值得重视的。

四　应该加强语言不稳定性的研究

我认为，现代汉语标准语，是一种"古今杂糅，南北混合"的语言，华语的"古今杂糅，南北混合"现象更甚于现代汉语。这个语言（既指现代汉语，也指华语）的口语和书面语，就有许多地方还没弄清楚。朱德熙说："研究书面汉语语法比研究口语语法难，还有另外一个重要的原因，就是对于书面语语句的可接受性不容易做出判断。一种句式是否能说，往往会引起争议。这说明有些书面语句式的可接受性只有程度上的差别，不像口语里的句式那样界限分明。"[1]　其实，口语的不稳定性也存在，特别是华语区的口语。华语区的口语，因为缺乏普通话的口语作为基础，而且多数是在方言和外语的影响下产生和发展起来的，不稳定性特别强。

目前大部分语法著作是以书面语为研究对象，这些语法著作没有把书面语语法的不稳定性适当地反映出来，更少讨论华语与现代汉语的语法差距。这给汉语的传播带来困难。

介词能不能独用回答？粤语的"同"就可以独用，因此华语区的介词独用现象比较普遍。新加坡华语里对提问的回答，视所用介词的不同而有差别。"在""跟"之类，肯定的回答可以单用"在""跟"，否定的回答是"不在""不跟"。

中国的现代汉语书面语是在有意模仿外语（尤其是英语）的基础上产生的，和外语接触而产生的影响是通过知识分子的书面语传播形成的。

---

[1]　朱德熙：《现代汉语语法研究的对象是什么?》，《朱德熙文集》第 3 卷，商务印书馆，1999，第 147 页。

这是间接的语言接触。有意模仿外语，使得汉语书面语比较不稳定。老百姓很少接触外语，他们的口语就比较稳定。但在华语区，华语和外语的接触，是直接的接触，因此华语口语和书面语一样不稳定。没有对这些现象的研究，语言教学的标准就难以确定，语言的评鉴就很难客观。

中国的汉语词典多数是为母语使用者编写的，词典里所提供的语言信息，对第二语言学习者来说，是不足够的。

"领教／请教／讨教／指教"，《现代汉语词典》是这样处理的：

领教："请教：有点儿小事向您领教。"

请教："请求指教：我想请教您一件事。"

"请教"可以带双宾语，也可以单带表人宾语或者表物宾语；"领教"没有"领教您"的说法，但有"领教他的高招"的说法。这两个词在语法方面的作用是不相当的，不可以用"请教"来解释"领教"，而"有点儿小事向您领教"，我总觉得有些别扭。

《红楼梦》第 115 回里出现了下面的句子：

> 大家说话儿，好叫他们领领大教。
>
> 小侄正欲领世兄们的教呢！

普通话这样说吗？南方方言是不说的，因此华语区里也很少这样用。

对于"讨教"，《现代汉语词典》说："请求人指教：有个问题向您讨教。""指教"可以带表人宾语，"讨教"不可以，两个词也是有差别的。

上面的信息，对于已经有口语基础的母语学习者，可能是不重要的，但对于第二语言学习者，是很重要的。

"致函／致电／复函"，《现代汉语词典》是这样处理的：1983 年版不独立收"致函"为词条，只在"致"条下举"致函"作例子。2005 年版开始独立收为词条，解释说："给对方写信：致函表示谢意。""致电"以前各版本也都没收，2005 年才独立收条，解释说："给对方打电报或电话：致电表示谢意。"2005 年版收入"复函"，解释："答复来信／答复的信。"

这几个词都是动宾结构的动词，一般不能再带宾语。但华语区"致函、致电”都能带宾语：致函/致电学校。“复函”也能带宾语：复函某公司。其实，现代汉语里动宾结构的动词带宾语的现象越来越多，如“奠基上海/连线台北”等。

　　新加坡华语里的“提呈”，大概是“提出”和“呈上”的简缩，和“提成”发音完全一样。这两个同音词，会不会造成运用上的混乱，能留下来吗？新加坡的“素质”有“高素质”的用法，现代汉语却得说“高品质、高质量”。这种差别，大概是新加坡人没有好好掌握“素”的语素义所致。

　　我们对 1949 年以前的“国语”、现在的各地华语，无论词汇或语法现象，无论书面语或口语，都研究得很不足够。只有彻底了解语言的变异现象、语言的不稳定状况，才可能根据这些了解，为汉语第二语言或外语的学习者，编纂汉外词典或者现代汉语和华语的对接词典。

五　对融合中汉语的研究

　　汉语走向全球的时期，也正是现代汉语和各地华语相互融合的时期。现代汉语和各地华语相互融合，使现代汉语出现较大的变化。这个融合还没有固定下来，因此给语言研究和教学带来许多新的挑战。

（一）从语法方面观察

　　有人认为“‘V 在不 V 在 + 处所词’的句子本身站不住”，如：

> 放在不放在家里
>
> 住在不住在河西
>
> 写在不写在上面

　　这样的用法，在华语区却是相当普遍的。吕叔湘说“‘在’和‘向’也有附着于单音动词的倾向”[①]，并且举了下面的例子：

> 走到小店门口，他一软就坐在了地上。（《骆驼祥子》）
>
> 还是那两条烟，放在了敌人仓库的木箱上。（《人民文学》1955年 12 月号）

---

① 吕叔湘：《现代汉语单双音节问题初探》，《中国语文》1963 年第 1 期。

她急忙打开了箱子，把麦子放在了箱子里。（《剧本》1955 年 4 月号）

既然"坐在了"等用法，和"坐了在"一样，"坐在"等就像个双音动词，华语区出现了"放在不放在"等用法，就一点也不奇怪了。

（二）从词语方面观察

"党魁/首领"，《现代汉语词典》1983 年版解释为"政党的首领（含贬义）"，1989 年版改为"多含贬义"，增加了"多"字。《现代汉语规范词典》的解释跟 1983 年版相同。华语区这个词不含贬义。《百度百科》用了这样的句子："在君主立宪制下，首相多为国会多数党的党魁或多数派的首领。"显然"党魁"和"首领"一样，都不含贬义。

"处心积虑"，《现代汉语词典》各版都说"多含贬义"，《现代汉语规范词典》说"用于贬义"。新加坡《联合早报》的用例为："更让他得以从一个位居微妙地缘政治环境、具有重要战略地位、无时无刻不在为生存发展处心积虑、运筹帷幄的东南亚小国的特殊视角来看世界。"句子中的"处心积虑"是没有贬义的。

"推波助澜"，《现代汉语词典》的解释是："比喻促使或助长事物（多指坏的事物）的发展，使扩大影响。"《现代汉语规范词典》大体相同。根据这个解释，下面的句子就是用词不当了："南洋理工大学孔子学院是全球孔子学院在赤道边上一个亮丽的小红点。我们本着'和而不同，多元共生；立足本土，放眼世界'的理念，与全球三百多所孔子学院一起互动学习，为汉语学习热潮推波助澜。"

"五湖四海"，《现代汉语词典》说是"指我国各地"，第 5 版改为"全国各地"。《现代汉语规范词典》说是"指四方八面，全国各地"，同时加收了"五洲四海"，说"泛指世界各地"。

"海"，是"海子"，北方称湖沼。赵孟《初至都下即事》诗"海上春深柳色浓，蓬莱宫阙五云中"，自注："北方谓水泊为海子。"[1] "五湖四海"本来指中国的全国各地，华语区都用来指"世界各地"。华语区不用"五洲四海"。当我第一次听到在南洋理工大学学习毕业的中国市长班

---

[1]　见龙潜庵编著《宋元语言词典》，上海辞书出版社，1985。

代表在毕业晚宴上说"我们都来自五湖四海"时，我就觉得这样的说法有问题。将来"五湖四海"可能出现"泛指世界各地"的用法，而"五洲四海"可能逐渐被淘汰。

六　应重视汉语里的特殊现象

语言里普遍存在一般规律，但也存在特殊现象。在华语全球推广的新局面之下，对华语的研究者和教学者，提出了新的要求：研究和说明这些特殊现象。

所谓特殊现象，是指那些已经约定俗成而又不完全符合，或者不符合一般规律的语言现象。这些特殊现象，常常不能用一般的规律加以解释，因此常常困扰语言研究者和语言教学者。

如"养病、养老、养伤"，显然和"养鱼、养家"的谓宾式结构不同，"病、老、伤"都是"养"的原因，表示"为病而养、为老而养、为伤而养"，不是"养"的对象，李行健先生因此认为：我们只有按照动状结构去分析这些词语，才能使语法结构形式和意义统一起来。因此，在构词法中，可以考虑设立"动状"结构这种构词形式。这种结构格式来源于古代汉语中状语后置的造句法。① 其实，古汉语里的谓宾结构如"死名""图吾君"，就表达状动的意义，李先生提议增加动状结构式是没有必要的②。古汉语句子的动宾结构，存在于现代汉语的构词里。这是现代汉语构词的特殊现象。

我们知道，语言符号和意义形成了固定的联系之后，这个符号的组成原因，不是语言学习者必须了解的，如"蜗牛"为什么不叫"牛蜗"，"熊猫"为什么不叫"猫熊"，语言学习者可能是没有兴趣知道的。但是，像"吃了""看了"，"了"加在动词后面；那么"看在了眼里"还是"看了在眼里"，就是需要知道的了。台湾特别将"熊猫"说成"猫熊"

---

① 李行健：《汉语构词法研究中的一个问题——关于"养病"、"打抱不平"等词语的结构》，《语文研究》1982 年第 2 期。又见《语文学习新论》，陕西人民教育出版社，1997，第 342～353 页。

② 见周清海《现代汉语里的特殊现象》，2009 年 11 月 16～17 日广州暨南大学华文学院主办第二届华语论坛主讲论文。

也就没什么根据了。

这些例子说明了发现和解释特殊现象，不是一件简单的事。但是，特殊现象的发现和解释，对以华语作为第二语言或外语的教学者，特别重要。因为他们的教学对象，都没有或者很少有口语的语感基础。因此，我建议相关的研究机构，组织研究人员编写一本参考工具书，专门处理现代汉语里的特殊现象。这是有必要的，这样的工具书将为汉语的国际推广和汉语的融合做出贡献。

七　结论

从上面所举的例子看来，我们需要对现代汉语、各地华语做更深入的研究。为了学习与运用汉语，更为了汉语的传播，除了需要编辑更完善的词典之外，更需要编写汉语语法长篇，给汉语教材的编写人员、汉语教学人员参考。语法长篇对汉语教学，对汉语的发展与趋同，将会做出巨大的贡献。

现代汉语与古汉语在语文
教学里的融合问题[*]

我将针对下列两个问题，提出一些看法，供大家讨论。第一，现代汉语和古汉语的关系。"古今汉语一脉相承，现代汉语是从古汉语发展演变而来的，两者之间有千丝万缕的联系，无法割断。"① 在语言研究与语文教育方面，怎样处理好两者的关系？第二，语文教学里古汉语和现代汉语的教材，是应该各自独立，还是应该融合为一？怎样融合为一？

一　现代汉语和古汉语的关系

20 世纪 50 年代，朱自清、叶圣陶和吕叔湘三人曾合编了《开明文言读本》。30 年后，也就是 1978 年，叶圣陶和吕叔湘二人将《开明文言读本》改编为《文言读本》，由上海教育出版社出版。在书的前言里，节引了原书的"编辑例言"：

> 我们编辑这套读本，有两个基本认识作为我们的指导原则。第一，……现代青年若是还有学习文言的需要，那就是因为有时候要阅读文言的书籍：或是为了理解过去的历史，或是为了欣赏过去的文学。写作文言的能力决不会再是一般人所必须具备的了。第二，……我们学习文言的时候应该多少采取一点学习外国语的态度和方法，一切从根本上做起，处处注意它跟现代口语的同异……

---

* 本文原载于刘正伟主编《理解与对话：国际语言与文学教育》，浙江大学出版社，2019，第 31～46 页。

① 祝鸿熹：《论成语中的古语素》，见《祝鸿熹汉语论集》，中华书局，2003，第 159 页。

这两点决定了我们的选材和编辑。我们把文艺作品的百分比减低，大部分选文都是广义的实用文。我们不避"割裂"的嫌疑，要在大部书里摘录许多篇章；我们情愿冒"杂乱"的讥诮，要陈列许多不合古文家义法的作品。我们既不打算提供模范文给读者模仿，而阅读从前的书籍又的确会遇到各种风格的文字，我们为什么不能这么办……①

叶圣陶、吕叔湘等人的论述，我是完全同意的：我们不再写作文言；学习文言应该多少采取一点学习外国语的态度和方法，处处注意它和现代口语的同异；选材必须减低文艺作品的百分比。

但三位先生只强调文言和现代汉语的差异，而没有提及它们类同的一面。我认为现代汉语，从词汇到语法，都包含了许多古汉语的成分，这是现代汉语和华语区书面语的共同现象。中国和华语区的书面语，如果根据文言成分含量的多少排列，顺序大约是：中国台湾、中国香港、马来西亚、新加坡、中国大陆。

我认为现代汉语（包括华语区的华语）是"古今杂糅、南北混合"的语言。因此，学习古汉语，除了朱叶等三人所提及的理解过去的历史和文学欣赏的需要之外，对各地的华人来说，也有文化认同的作用，更能加深对现代汉语的了解。

我将从词汇、语法、辞书以及古典文学的研究几个方面来讨论现代汉语"古今杂糅"现象的处理。

第一，现代汉语词汇里有许多古汉语的成分，如"去留"里的"去"保留了古汉语"离开"的意思，这是大家共同的认识。"出去""过去""上去"这些动词里的"去"，也是"离开"。"出"表示位置的变化，"去"表示离开说话的对象。动补结构双音动词，如"下去、进去"等，成语"何去何从、拂袖而去"等，"去"的意思都是"离开"。

"劝架"和"劝酒"的"劝"意思不同，"劝"的"劝阻"义，是汉以后才出现的，汉以前是"鼓励"的意思。《说文》："劝，勉也"。荀子的"劝学"、《汉书》的"劝进农业"、《三国志》的"劝耕"都是

---

① 朱自清、叶圣陶、吕叔湘合编《文言读本》，上海教育出版社，1980，第1页。

"勉也"。

"救火"和"救命"的"救"意思不同。"救命"的"救助"义，现在用得多；而"救火""救灾"（防火救灾）的"阻止"义，现在用得少，大家也就不熟悉了。《说文》："救，止也。"《论语·八佾3.6》"季氏旅于泰山。子谓冉有曰：女弗能救与?"的"救"就是"阻止"。

"时"，杨伯峻的《论语译注》① 说："学而时习之"的"时"是"'在一定的时候'或者'在适当的时候'……朱熹的《论语集注》把它解为'时常'是用后代的词义解释古书"。杨先生的说法是正确的。"习"，他也认为"在古书中，它还有'实习'、'演习'的意义"。现代汉语的"时机""失时""待时而动"等词语里的"时"，就是"适当的时候"；"习以为常""习艺""习字"里的"习"，就是"实习、实践"。这些都是古汉语的遗留。

成语保留古汉语词义的，就更多了，如：快刀斩乱麻、痛哭流涕、走马看花、去留两难、假公济私、之子于归、同舟共济、掩耳盗铃、赴汤蹈火等。词典应该怎样处理这些成语里古汉语的词义，是应该探讨的。

在句子应用方面，也出现在现代汉语里混用古汉语的现象。下面两个句子，一个连用了"乎于"，一个独用了"文"。

例（1）　向科学进军的道路是不平坦的，明乎于此，就不会对人们在实践中遇到的挫折大惊小怪了。

"乎"和"于"都是介词，语素意义相同，不可以连用。②

例（2）　"所"字是古代汉语中一个较难的虚词，……近几年来又有不少同志专门写文来研究它。(《"所"字复议》，《古汉语研究》第一辑)

例（2）把半独立语素"文"当词用。

古汉语的词义也经常保留在现代汉语的语素里，而词典和语文课本相当重视词义，却经常忽略词的语素意义。这是不对的。如"竭"不独立应用，但作为语素，构成"竭诚、竭泽而渔、竭尽全力、精疲力竭"等词语。所以，课文里的"竭力"就不能只解释为"尽力"，应该把

---

① 杨伯峻：《论语译注》，中华书局，2002。
② 见《咬文嚼字》2001年第8期，第25页。

"竭"为"尽"的意思也说出来。

"汇报",新加坡的语文课本解释为"综合材料向上级报告",《现代汉语词典》的解释是"综合材料向上级报告,也指综合材料向群众报告"。其实,"汇"是"聚合","汇报"的词义是"聚合提出报告",对象可以是上级,也可以是任何一群人。"汇"构成了"字汇、词汇、总汇、汇集、百川所汇"等词语。

这种忽略词的语素义的倾向,恐怕是20世纪初引进西方语言学"词"的观念的结果。"文法中组织句子,分别词类,是把词作单位。"①

对字的语素意义没有完全掌握,可能造成"张冠李戴"的现象,如"默守成规、焕然冰释、轰堂大笑"就是这样造成的。只有将古汉语和现代汉语联系起来,对现代汉语的语素义有正确的理解,才能准确地应用词语;书写白字的现象,才可能减少。

第二,现代汉语语法里也保留了许多古汉语的语法现象。比如,说到名词时,现代汉语语法书常用"能够受数量词修饰,一般不能够受副词修饰"作为名词的特点。那么,"他很阿Q","很"用在名词前边,就是不普遍的用法。但古汉语里有"君不君"之类——名词前用副词修饰,名词用为动词——是古汉语里普遍的语法规律。

看到"他看起来很精神""这样的研究方法不太科学""这是非常理想的构想""处理这类问题不能太机械""人人可公益",就补充说"这些名词或名词性短语都是充当谓语,才能被修饰"。

看到"管他票不票,上车就是了",就说"只有少数名词成对连说时,才能和副词'不'结合,如:'不中不西''人不人,鬼不鬼''不人不鬼''不男不女'等",并且进一步说"有些具有描写性语义特征的名词,如'淑女、狐狸'等,也可以受副词的修饰,如'非常淑女''相当狐狸'等"。

这些都是没有看到古汉语的语法现象存留在现代汉语里,孤立地给现代汉语名词的语法特点做描述而带来的一些难题。

现在广告用语的"口味忆人""中国联通,知心你我",都是动宾结

---

① 黎锦熙:《新著国语文法》,商务印书馆,1992,第15页。

构和名词用作"使动"。使动的用法，古汉语是常见的："公尝膳，姬曰：所由远，请使人尝之。尝人，人死；食狗，狗死。"（《吕氏春秋》）"纵江东父老怜而王我，我何面目见之。"（《史记》）

现代汉语新兴的双音形容词的"使动"用法，如"端正态度""纯洁组织""巩固关系""丰富生活""密切关系""健全法制"等；单音形容词如"湿了您的东西""肥了个人，瘦了集体"等句子里的"湿""肥、瘦"都是继承了古汉语形容词的"使动"用法。"架构并完善学科体制"里的"完善"也是形容词使动用法的继承。我把这些现象叫作"古幽灵的复活"。

古汉语语法现象存留在现代汉语里，词典的处理也很不一致。

"稀奇"，《现代汉语词典》注为⑱："稀奇古怪。"但书面用例有"据说那些地方是很稀奇女人的"①。

"满意"，注为⑱："他非常满意这个工作。"

"可怜"，注为⑱："真可怜。"⑩："对这种一贯做坏事的人，绝不能可怜他。"

其实，"稀奇""满意""可怜"都是形容词，形容词下带宾语的现象，可以看作形容词的"意动"用法。这几个形容词常带宾语，《现代汉语词典》有的只看作形容词，有的认为只是动词，有的认为是形容词和动词，标准是不一致的。

其实，现代汉语形容词带宾语的现象和古汉语的"且夫我尝闻少仲尼之闻而轻伯夷之义者，始吾弗信……"（《庄子》）是一脉相承的。吕翼平说："我们发现现代汉语中也存在古汉语中继承下来的意动句式……"②这个看法是正确的。

吕叔湘和朱德熙的《语法修辞讲话》用了这样的句子："平常说话里头，关联词语用得不多，谁要是张嘴'虽然'、'如果'，闭嘴'因为'、'但是'，一定要招人笑话。"③

---

①　吕翼平：《吕翼平汉语论集》，社会科学文献出版社，2002，第118页。

②　吕翼平：《吕翼平汉语论集》，社会科学文献出版社，2002，第123页。

③　吕叔湘、朱德熙：《语法修辞讲话》，中国青年出版社，1979，第25页。

　　上面句子里的"笑话"就是古汉语"王我""保民而王"之类的用法，只是现在"笑话"下带宾语用得多了，《现代汉语词典》才注上"②动词"。而"张嘴""闭嘴"能说成"张口""闭口"，"闭口不言"不能说"闭嘴不言"，叫人"住口"，更常说的是"闭嘴"，"嘴脸"不能说成"口脸"，这些都是古今杂糅的现象。"嘴"，《说文解字》没有这个字，是后起字，本来指"鸟嘴"，所以从"角"，"口"旁是后加的。"嘴"具有贬义。现代汉语里"嘴"和"口"的分别在消失中。

　　古汉语的数词只用"二"，不用"两"，如"一分为二""独一无二""一心二用""三心二意"。现在也出现了"一心两用""三心两意"的说法。"二"和"两"混用了。要理解这些现象，就非追溯到古汉语不可。

　　现代汉语里有些特殊现象，也只有参照古汉语才能得到解释。所谓特殊现象，是指那些已经约定俗成而又不完全符合，或者不符合一般规律的语言现象。这些特殊现象，常常不能用一般的规律加以解释，因此常常困扰语言研究者和语言教学者。

　　如"养病、养老、养伤"，显然和"养鱼、养家"的谓宾式结构不同，"病、老、伤"都是"养"的原因，表示"为病而养""为老而养""为伤而养"，不是"养"的对象，李行健先生因此认为：我们只有按照动状结构去分析这些词语，才能使语法结构形式和意义统一起来。因此，在构词法中，可以考虑设立"动状"结构这种构词形式。这种结构格式来源于古代汉语中状语后置的造句法。①

　　除了"养病"一类词之外，"晕船、惊梦、卧病"②也是同样的结构。古汉语里的谓宾结构如"死名""图吾君"，就表示状动的意义，李行健先生提议增加动状结构式是没有必要的③。

　　第三，从辞书的释义来观察。好的辞书，代表的是一个国家的语言

---

①　李行健：《汉语构词法研究中的一个问题——关于"养病"、"打抱不平"等词语的结构》，《语文研究》1982 年第 2 期。又见《语文学习新论》，陕西人民教育出版社，1997，第 342～353 页。

②　张志公：《一般的、特殊的、个别的》，见《张志公文集》，广东教育出版社，1991，第 432 页。

③　见周清海《现代汉语里的特殊现象》，2009 年 11 月 16～17 日广州暨南大学华文学院主办第二届华语论坛主讲论文。

文化水准。过去，汉语语言学界和语言教学界曾以中国只有一本《新华字典》为憾；1958 年终于由吕叔湘先生和丁声树先生牵头，编写了《现代汉语词典》，1978 年正式出版。《现代汉语词典》是一本有代表性的词典，现在已经是第六版了。它对新加坡的华语教学，做出了巨大的贡献。[①] 其他的后出的词典，如《现代汉语规范词典》《汉英词典》等，都是编得相当好的。

但对于现代汉语里保留的古汉语现象，这些词典处理得并不理想。祝鸿熹教授曾有过一些讨论。[②] 我发现，无论是处理词汇或者成语，这些辞书都非常随意。这可能是辞书的编写者对古汉语的语法现象没有完全理解，而表现在辞书的注释上面。

"蚕食"，《现代汉语词典》1983 年版说："像蚕吃桑叶一样，比喻逐步侵占。"（词典没有词例）1998 年修订版改为："蚕吃桑叶。比喻逐步侵占：蚕食政策｜蚕食邻国。"2002 年增补本沿用这个解释。到了 2005 年第五版才改从 1983 年版的释义："像蚕吃桑叶那样一点一点地吃掉，比喻逐步侵占：蚕食政策。"1998 年版的错误改动，是因为词典注释者对这个成语结构理解错误。

《现代汉语词典》对"鲸吞、蜂聚、蜂起、蜂拥、鱼贯、壁立、冰释、鼠窜、云集"等结构的词，都用"像……"来解释，都处理得很好，都知道这些词不是主谓结构，而是状中结构。但"瓦解"只说"比喻崩溃或分裂"，"兔脱"只说"比喻很快地逃走"，和前面的解释用语不一致。

"狼奔豕突"，《现代汉语词典》1983 年版的解释是："狼和猪东奔西跑。比喻成群的坏人乱窜乱撞。"其他版本相同，都处理成主谓结构。2012 年第六版只将"比喻"改为"形容"，仍旧处理为主谓结构。《现代汉语规范词典》的释义是："像狼那样奔跑，像野猪那样乱闯。比喻成群的坏人到处乱窜乱闯，肆意妄为。"处理为状中结构，是正确的。

① 周清海：《〈现代汉语词典〉和〈全球华语词典〉》，见《全球化环境下的华语文与华语文教学》，南洋大学学术丛书 1，新加坡青年书局，2007。
② 祝鸿熹：《成语教学与训诂学》《论成语中的古语素》，见《祝鸿熹汉语论集》，中华书局，2003，第 147～170 页。

"川流不息",《现代汉语词典》各版本都解释为:"(行人、车马等)像流水一样连续不断。"处理为状中结构。"川流"就是"像河流的水流一样",把成语的语法特点包含在解释里,处理得相当全面。《现代汉语规范词典》却解释为:"河水流动不停,形容来来往往的行人、车马等像水流一样连续不断。"王还主编的《时代汉英双解词典》解释为:"水流不停。比喻行人、车船等来往不绝。"都处理为主谓结构,是错误的。

"星罗棋布",《现代汉语词典》的释义是"像星星似的罗列着,像棋子似的分布着,形容多而密集",正确处理为状中结构。但"鼠窃狗偷"只释义为"小偷小摸,比喻进行不光荣的活动","土崩瓦解"只释义为"彻底崩溃","烟消云散"只释义为"比喻事物消失净尽",没有解释成语的结构。

用名词修饰动词,是古汉语语法的特点之一,如"豕人立而啼"(《左传》)的"人立",是以"人"修饰"立",句子的意思是"猪像人一样地站着叫"。其他成语,如"鸟飞兔走""心惊肉跳""鱼死网破"等,就是主谓结构,而不是状中结构,

"伊人",《现代汉语词典》和《现代汉语规范词典》都说:"〈书〉那个人(多指女性)。"其实,这个释义并不完整。"伊人"出自《诗经·蒹葭》:"所谓伊人,在水一方。"(整部《诗经》只有《蒹葭》用了三次)这首诗一般认为是情诗,"伊人"既是想念的情人,因此具有"那个人""意中所指之人"以外的意义:那个美丽的人、可爱的人、令人喜欢的人等附加意义。

从上面的例子可以知道,《现代汉语词典》和《现代汉语规范词典》等辞书的编者们对古汉语的语法结构认识不足,所以把握得不好。

第四,古典文学的欣赏和研究也必须建立在对古汉语的了解上。叶嘉莹是研究中国诗词的杰出专家,我就举她的《中国古典诗歌的美感特质与吟诵》[①] 一书里的两个例子,以说明对古汉语的了解,会影响研究。

《论语·公冶长 5.26》:"颜渊曰:愿无伐善,无施劳。"

---

①　叶嘉莹:《中国古典诗歌的美感特质与吟诵》,大块文化出版有限公司,2013。

　　叶嘉莹教授说：“我做人的态度啊，就是不伐善——不夸耀自己的好，不总是把自己为别人做了什么挂在嘴上；不施劳——不把那些劳苦的事情推给别人去做。”①

　　“伐”是夸耀的意思，《论语·雍也6.15》有“孟之反不伐”，《史记·游侠列传》有“功大而不伐”，《管子·宙合》有“不矜其能，羞伐其德”。

　　“施”，杨伯峻说：“愿意不夸耀自己的好处，不表白自己的功劳。”“施，《淮南子·诠言训》：‘功盖天下，不施其美。’这两个‘施’字意义相同，《礼记·祭统注》云：‘施犹著也。’即表白的意思。”②“施”作这样解释的，《论语》只这一个例子。

　　《王力古汉语字典》、古汉语词典编写组的《古汉语词典》，“施”字下都不收“表白”的意思。

　　我以为《论语·颜渊12.2》“己所不欲，勿施于人”，是“无施劳”最好的注脚。从《论语》的内证来看，叶嘉莹把“施”解释为“推给”是合理的。

　　《离骚》：“不吾知其亦已兮，苟余情其信芳。”

　　叶嘉莹说：“你们不了解我那就算了吧，‘不吾知’就是‘不知吾’，颠倒成‘不吾知’是表示强调……”③

　　这个说法完全没有注意语言的时代性。这和唐代孔颖达《毛诗正义》对“不我遐弃”说的：“犹云‘不遐弃我’，古人之语多倒”的说法，犯了相同的错误。其实，古汉语里否定句的代词宾语大部分要放在动词的前面，如“我无尔诈，尔无我虞”（《左传》）并没有表示强调的意思。④

二　语文教学里怎样融合现代汉语和古汉语

　　对古汉语的正确理解，有助于教学和处理现代汉语，也有助于古典文学的研究。这是从古今语言的异和同的角度分析的。文言的学习，如果要达到“阅读文言的书籍：或是为了理解过去的历史，或是为了欣赏

①　叶嘉莹：《中国古典诗歌的美感特质与吟诵》，大块文化出版有限公司，2013，第18页。
②　杨伯峻：《论语译注》，中华书局，2002，第53页。
③　叶嘉莹：《中国古典诗歌的美感特质与吟诵》，大块文化出版有限公司，2013，第48页。
④　见周清海编著《文言语法纲要》，玲子传媒，2006，第111~114页。

过去的文学"，确实不容易。1963 年，吕叔湘先生更提出了下面的看法：

> 　　我认为文言的教学，如果要达到培养学生阅读文言书籍的能力
> 这个目的，绝对不能光依靠串讲，要严肃对待，要从根本做起。如
> 有必要，还得在课程的安排上采取一些措施。例如文言和白话不一
> 定要求同一个教师教，甚至可以分做两门，各编课本。时间也是一
> 个重要问题。现行教学计划中能派给文言教学的时间是远远不够
> 的。……总之，中学里的文言教学不是个很简单的问题。要实事求
> 是地考虑实际需要，制定适宜的目的和要求，针对这些目的和要求
> 采取切实有效的措施，才能求得问题的合理解决。要是以为不必改
> 变现有的教学条件，就能达到预期的目的，恐怕不免要徒劳无
> 功的。①

　　吕先生提出上面的看法，距离现在已经有 50 多年了。这 50 多年来，中国大陆的中华语文教学，中国台湾、香港等地的中文教学，都是在"以为不必改变现有的教学条件，就能达到预期的目的"的假想下，继续进行的。这样的做法，是不是"不免要徒劳无功的"？

　　吕先生提及文言白话分科的教学设想，也提及教学时间分配的困难。这都是从"分"的思路考虑的。

　　现在是全球化的时代，学生要学习的知识比 50 多年前更多，面对的问题更为复杂多样，而在教育方面能分给语文的教学时间，恐怕更有限了。我站在现代汉语和古汉语相同的方面，结合文化传承的需要，思考在全球化的新局面下，如何改变、解决中华语文的教学问题。我认为华语区的中华语文教学应该考虑将现代汉语和古汉语融合起来。

　　华语区中华语文教学面对共同的三大问题。

　　第一，语言应用能力后边，需要很多背景能力的支撑。这是大家的共识。因此，语法、修辞、文字、逻辑、阅读微技、文学分析等知识，在不知不觉间成系统地被包括在中学或者大专的语文教材里，使得语文的读写教学越来越沉重，包袱越来越大。这种负担使得有些人提议应该

---

① 吕叔湘：《关于语文教学的两点基本认识》，《吕叔湘语文论集》，商务印书馆，1983，第 330～331 页。

给语文教学减负，让语文教学轻装前进。

第二，华文的读写教学历来有注重选文的传统。这个传统也保留在中学与大专华文教材里。不论古代文字或者现代文字的教材，都脱离不了选文。选文是否适当，除了从实用的角度、学生的兴趣以及成熟程度考虑之外，一般更注重的是传统的范文。共同的范文，在华语区的华文教材里所占的比例相当高。这对于维系华语区之间的文化认同是有帮助的，但面对全球化，强调语文的实用价值，华文教材这样的编选，是不是适当？怎样在文化认同与实用之间取得平衡？这是必须考虑的。

第三，古文和现代文字，又被当作两个没有什么关系的文字。在选文教材里，是各自独立的、分开选取的，编在一起却没有有机地结合起来。所以有人提议华文既然是训练现代汉语的读写能力，在华文教材里就应该减小文言的比例；有人更提议古文应该从以现代文选为主的华文教材里分出来，分科教学。应该怎样处理古文和现代文字这个问题，也应该考虑。

怎样处理上面所说的三种现况？我认为，阅读文选的内容决定了阅读课程是否具有挑战性，因此提议以内容为纲，结合古今中外的资料，重新给中学和大专的华文教学定位。至于语言文史等各种知识，都应该跟阅读的选材配合，随阅读选材的需要进行教学，而不是成系统地教学。

例如李斯的《谏逐客书》，是华语区共同的教材，但它的时代距离现在非常遥远，学生的阅读兴趣可能不高。我们可以以"外来人才"为课题，选取现代讨论外来人才的文章，结合现代各国的人才引进政策，以及阅读《谏逐客书》来进行教学，就能将古今中外结合起来。

《谏逐客书》可以只阅读最后一段，因为最后一段的"泰山不让土壤，故能成其大；河海不择细流，故能成其深……"已经成为现代汉语的一部分，阅读这一段，既可以提高学生的语言素养，也可以在共同的文化认同方面，起一些作用。这样的处理，比阅读全篇，更有深度，更具现代意义。

我们更可以将文章和现代的人事关系结合起来，引导学生思考。我们可以提示学生：李斯是外国人，他要写一封和当时出现的政策相反的文章，他必须注意些什么？写这样一篇文章，要不要注意秦始皇的性格？

秦始皇是一个怎样的人？要不要注意文章的结构？文章哪些地方写得好？甚至可以让学生推测一下，李斯是通过怎样的人脉关系将这封信送到秦王手中的。如果学生比较成熟，也可以让他们从网上找一些评价李斯的文章，作为课后阅读的材料。

我们必须把文言的阅读教学和现代的需要结合起来，才能让教学更有意义。我们既然不培养学生书写文言文，《谏逐客书》就没有必要阅读全文，可以只要求学生阅读下面的段落：

> 臣闻地广者粟多，国大者人众，兵强则士勇。是以泰山不让土壤，故能成其大；河海不择细流，故能就其深；王者不却众庶，故能明其德。是以地无四方，民无异国，四时充美，鬼神降福，此五帝、三王之所以无敌也。今乃弃黔首以资敌国，却宾客以业诸侯，使天下之士，退而不敢向西，裹足不入秦，此所谓藉寇兵而赍盗粮者也。
>
> 夫物不产于秦，可宝者多；士不产于秦，而愿忠者众。今逐客以资敌国，损民以益仇，内自虚而外树怨于诸侯，求国之无危，不可得也。秦王乃除逐客之令，复李斯官。

教学这一段，当然要"处处注意它跟现代口语的同异"。《谏逐客书》前面的几段，如果需要，可以用白话翻译替代，让学生了解全文的结构。这样处理，学生的阅读负担也就减轻了许多。

写作训练，也可以在学生了解了外来人才问题的基础上进行。学生有了分析问题、解决问题、表达意见的基础，再写成论文、发言稿或者演讲稿，都可以，未必需要命题作文。写作的训练，应通过内容带动形式，因为内容远比形式更为重要。

吴楚材编《古文观止》的时代，文言是通行的语文，书写文言是当时必需的条件，因此必须阅读全文，甚至背诵全文。现在已经不同了。我们必须以现代的需要，从"古为今用"出发，重新考虑语文教材的问题。尤其是在知识近乎爆炸的时代，在全球化的年代，适当地减轻学生的语文和文化的负担，对于一个历史悠久的中国，这个问题是应该提到日程上来考虑的。

我们也可以考虑以"人"为课题的中心，选取讨论机器人、人的品格、人才选取，甚至是介绍北京人的文章。如果需要，更可以选读《论语》的一些章节，这样就能将古代、现代和文史知识结合起来。

我曾说："文化行为，是人的行为。中华民族的历史，记载了、表达了不少对人的行为的看法，比如对人才的分析以及怎样选用人才，这些都不是只有西方才注重的。"① 《资治通鉴·周纪一》里就有一段讨论人才的论述，非常精彩、深入。② 这样精辟的论述，在现代讨论用人的文献里，引用的并不多。阅读这一段，就涉及介绍司马光、《资治通鉴》，这些都是文史知识，可以随机出现。

以"恋爱观"为课题，可以选取中外有关这个课题的文章，进而讨论现代男女的社交礼仪，并结合情诗欣赏，如崔护的"去年今日此门中，人面桃花相映红。人面不知何处去，桃花依旧笑春风"，以及婚姻悲剧，如陆游的《钗头凤》，等等。

"如果我们对自己的文化没有深入的了解，就可能出现文化虚无主义。如果缺乏对自己文化的肯定，不只不能保持自己的文化生命力，不能充分吸收各种适应时代要求的外来文化，也不能对人类文化的发展做出贡献，而更可悲的是将失去民族的自尊。"③ 我认为，以内容为纲处理阅读教材，结合了古代、现代、中外以及华语区共同的文化特点，将保持自己的文化生命力，使华文教学更具有现代性，更具有挑战性。

当然，教学文言文，也涉及文言的词汇和语法问题。王力先生表达了以下意见：由于语法是比较稳固的，古今差别不大，只消知道几个粗线条，再学习一些古代虚词，也就差不多了。语法方面也应该着重在古代语法的常规，不适合一开始就去讲偏僻的虚词和虚词的特殊用法。总之，古汉语语法应该要重视一般的文言语言事实，扎扎实实地让学生掌握一般的东西。④又说："古代的语音、语法、词汇，三方面都要学。……

---

① 周清海：《社会变迁与文化交流》，《语言与语言教学论文集》，新加坡泛太平洋出版社，2004，第289~303页。
② 参见《从全球化的角度思考语文教学里的文化问题》一文。
③ 同上。
④ 王力：《古代汉语的学习与教学》，《光明日报》1961年12月16日。

这三方面的学习，为什么要以词汇为主呢？语音不是太重要的，因为除诗词歌赋外，古书上并没有语音问题。至于语法……古今相差不大，容易解决。问题在词汇，这必须花很大的力气。……古代汉语的问题，主要是词汇的问题。所以学习和研究的重点要放在词汇上。"① 词汇既然是学习的重点，那么，该学哪些词、哪些虚词，就应该受到注意。我们应该给古汉语的常用词，列出词汇表。

虚词用法的分析，也不必太详细。吕叔湘曾为了青年学习文言虚词而编了《文言虚字》一书，书里的说明，有不少太详细了。例如对"之"的说明："'之'字的用法有二：一是称代，一是连接。"非常简略，概括得很好。但随后将称代的"之"再分为"之一"到"之三"，分别举了12 个例子（列举部分例子如下）：

（1）吾爱之重之，愿汝曹效之。（之一）

（2）姑妄言之妄听之。（之二）

（3）呼之起。（之三）

例（1）的"之"充当宾语，例（2）的"之"虽然是代词，但不必翻译出来，例（3）的"之"是兼语。这种建立在语法知识基础上的说明，只会增加学生学习的负担。

为了减轻学习者的语言负担，放弃文言范文选读②，结合文化需要，重新安排教材，恐怕是我们在面对全球化、现代化的情况下，保留民族认同、语言认同、文化认同的唯一出路。

---

① 王力：《谈谈学习古代汉语》，见《龙虫并雕斋文集》第三册，中华书局，1982，第 402 ~ 405 页。

② 20 世纪 40 年代，朱自清、叶圣陶和吕叔湘合编的《文言读本》（上海教育出版社，1980）就已经率先放弃提供范文给读者模仿的做法。

大华语视角下的
语言研究与词书的编撰

我和《全球华语词典》

一

2010 年《全球华语词典》出版座谈会在北京人民大会堂举行，记者采访了时任中国教育部语言文字信息管理司司长李宇明，他做了非常幽默的谈话：

> 记者：在编写过程中，您碰到一些什么趣事可以和我们分享吗？
>
> 李宇明：趣事多的是。讲一个趣事，就是不要随便喝红酒。
>
> 记者：为什么呢？
>
> 李宇明：2002 年 11 月，新加坡举办第二届肯特岗国际汉语语言学圆桌会议，我应邀出席，宣读的论文是《搭建中华字符集大平台》。会间有一个晚宴，我正好与新加坡的周清海先生同席而坐。他端着红酒发言，倡议编辑华语词典，并说中国的李宇明先生也来了，希望中国能够带个头。我一激动，就说这是大好事。大家一起干杯。谁知道一杯红酒，把我这几年的时间都"喝"进去了。所以不要轻易喝红酒，不要轻易表态。

编纂《全球华语词典》是我 1999 年倡议的。决定聘请李光耀和李瑞环为荣誉顾问，是 2009 年 4 月在北京商务印书馆召开的顾问主编会议上决定的。[①] 我们非常荣幸地得到李光耀资政和李瑞环先生的同意。

聘请李光耀资政当词典的荣誉顾问，是词典的主编李宇明先生和商

---

① 邹煜：《家国情怀》，商务印书馆，2015，第 120～135 页。

务印书馆的周洪波先生提出的。2005 年 11 月 3 日，我为了参加在天津南开大学举办的首届海峡两岸现代汉语问题学术研讨会，到了北京。周洪波先生和李宇明先生到北京机场接我，一起赴天津。当天，快速公路上起了大雾，汽车行驶得很慢。洪波兄在车上提出请李资政当荣誉顾问的事，他和宇明兄都认为李资政德高望重，在华人社会地位崇高，如果能请他当荣誉顾问，将给词典增色不少，请我促成这件事。

回国后，我马上给李资政写了电邮。我将自己是词典的发起人，以及参与工作的有中国内地、中国港台、新马等地的大专院校和研究机构等事，详详细细地告诉他。资政马上回电邮，答应了，并且提出，在印上他的名字之前，让他知道还有谁接受了邀请。

由新加坡人发起编纂的词典，资政又是荣誉顾问，这对新加坡是非常荣耀的事。资政答应了以后，中国的朋友找另外一位荣誉顾问也就比较顺利了。当一切都安排好了，才在 2009 年的学术顾问和主编会议上报告，大家都非常兴奋。

二

2010 年 5 月 16 日，《全球华语词典》正式出版。17 日，在北京人民大会堂举行《全球华语词典》出版座谈会，由时任中国教育部部长袁贵仁主持，李光耀资政和李瑞环先生两位荣誉顾问都出席并发表讲话。时任中国新闻出版总署署长柳斌杰、时任教育部副部长李卫红、时任中联部副部长刘结一、中国驻新加坡前大使张小康、时任新加坡驻华大使陈燮荣、汉办前主任许琳等人，都出席了。

主编李宇明受访时说："清海先生的提议能够得到多方面响应，跟华人今天在世界上的地位也有关系。过去的'东亚病夫'在昂首阔步走向世界，东方文化重获国际珍视。华人走向世界，华人内部首先要有沟通，要相互尊重、相互了解、相互学习。《全球华语词典》可以为此尽绵薄之力。"

2010 年 12 月 27 日，马来西亚《南洋商报》的副刊"有话直说"，发表了署名为南大人的《李资政当华文词典顾问》一文。文章说："一个对华文教育有着不光彩背景的人，当起《全球华语词典》的顾问，令人百思莫解。后来经过新加坡报界一名资深报人讲解，才恍然大悟：原来《全球华语词典》的其中一位主编曾经在该华文报业集团服务了几年，加上一位中文系教授刻意讨好，向该词典编委会大力推荐为荣誉顾问。一个曾经关闭华文大学，对华文教育赶尽杀绝的领导，就摇身一变成为中国出版的中文词典荣誉顾问了。"

上面的一段话，说了许多想当然的事。第一，资政答应当荣誉顾问，我们都觉得非常荣幸，没有什么百思莫解的。第二，请资政当荣誉顾问和副主编汪惠迪先生完全没有关系。汪先生在《联合早报》服务了20多年，对《联合早报》做出了很大的贡献。他了解华语在华语区的应用状况，而且编了《新加坡特有词语词典》①。他了解华语的应用情况，也积极地参与工作，是非常合适与称职的副主编。第三，"新加坡报界一名资深报人讲解"的，全是无中生有，该文作者说"加上一位中文系教授刻意讨好"，更显出作者的蓄意不善，只生活在过去。

在北京人民大会堂的词典座谈会上，除了李资政和李瑞环先生之外，我和陆俭明教授也被安排发了言。我的发言，说明了词典的编辑精神。发言稿如下：

15年前，李瑞环先生说了下面的话："现在是百业待兴，百事待举……不加选择，眉毛胡子一把抓，其结果必然是螃蟹吃豆腐，吃得不多，抓得挺乱。"（《天津日报》1985年5月）

李先生的话很精彩。我相信，我们不是"螃蟹"，我们不是"眉毛胡子一把抓"。所以，《全球华语词典》今天正式发布，我才感觉非常高兴。

我没有李瑞环先生的幽默、用词精到的能力，我只实实在在说些饮水思源的话。

《全球华语词典》能成功出版，得感谢中国教育部国家语委对这项计划的支持，尤其是李宇明先生。对我提出编写这样一部词典的建议，李宇明先生一开始就是非常理解和支持的。

---

① 汪惠迪：《新加坡特有词语词典》，联邦出版社，1999。

商务印书馆积极投入，周洪波先生以及词典编辑组细心配合。参与工作的三十几位专家学者，有的是多年的老朋友，有的是参与工作后才认识的。大家和谐相处、相互尊重所激发的火花，才成就了今天的词典。

这部词典是大家智慧的结晶，也体现了"泰山不让土壤，故能成其大"的精神。

在座的汪惠迪先生，是老朋友。他是最早和我讨论编这样一部词典的人。汪先生是新加坡引进的华文人才，他为新加坡《联合早报》的语文把关了二十几年，让《联合早报》的用语更合规范。他也为我们完成了新加坡特有词语的研究计划。这个成果，就成为这部词典试编的基础，也因为有了汪先生的研究做基础，我才有信心在新加坡率先成立编写小组。

说到新加坡华语，我就要提及今天出席座谈会的李光耀资政。李资政认为，华语的发展与应用的前景，不是由新加坡决定的，所以，华语必须和普通话保持密切的关系。

因此，我们在语文教育（包括语文教科书的编撰、师资的培训），以及大众传媒等方面，一贯强调趋同，让华语保留共同的核心，避免出现不必要的差异。也就是说，具有大面积影响的，我们都严格把关。我们认为，过分地强调自己的语文特点，是没有必要的。这不只增加了交流的困难，走不出去，而且会使自己陷于孤立。

三十多年来的实践证明，我们的做法是正确的。这部词典里，新加坡华语词汇和现代汉语不同的，远比其他地区的少。新加坡的年轻人需要学习两种语文，不应该把时间浪费在学习不必要的、有差异的词汇上。就是这种非常实际的语言应用的观点，让我能从更开阔的角度、更国际化的观点，看语文问题，也才感觉到编纂这样的词典是必要的。词典的释义、说明，用的都是现代汉语，也体现了这种看法（这是周洪波先生的建议，获得大家的认同）。

在全球化的情况下，我们必须既注意交流的需要，也要顾及各个区域相对的自主性。词典从收词到释义，都把握住这个精神。

词典的发布，只是第一步，它还是棵小树，希望这棵小树，五到十年后能成长为参天大树。就像《康熙字典》一样，代表了康熙盛世。

最后，我要特别感谢李资政和李瑞环先生。李资政特别从上海飞北京，就为了主持这个发布仪式。你们两位的出席，就是肯定了我们这些年的工作是意义重大的。教育部袁贵仁部长，以及其他来宾，也谢谢你们的支持和鼓励。

2016 年 7 月 21 日

全球华语与《全球华语大词典》*

一

为了方便世界华人之间的交流沟通，我们编纂了《全球华语词典》。这部词典在 2010 年 5 月出版。词典收录了主要华语区不同的词汇，各词条下都以现代汉语释义。在需要的时候，词条下也开了知识窗，对词条所以具有这样的意义加以说明。

对于词条的来源存有疑义的，或者有不同的理解的，有时也没有开知识窗说明。举例如下。

"奎笼（奎龙）"，词典的释义是"搭建在浅海上的捕鱼设施。马来语音译"。

对于"马来语音译"的说明，我是有保留的。我个人认为这个词来自闽南语。"奎笼"闽南语本来是指"鸡笼"（gelang/guelang）。"奎笼"这种捕鱼设施，一面宽，另一面窄，形似鸡笼的上宽下窄。鱼从宽的部分游入，就出不来，所以得名。如果这种捕鱼设施是由闽南人或者潮州人带到南洋的，那么，在福建或者潮州当地，必定还存留这样的设施，而且也应该叫"奎笼"。

但是，我没办法证实这种捕鱼设施仍然存在于福建或者潮州当地，同时也叫"奎笼"。所以词典该词条下的"马来语音译"也就保留了下来。

———————

* 本文原载于《联合早报》2012 年 12 月 1 日。

　　前年在台湾，友人李英哲教授给了我一个新的例证，台湾的基隆港，就是形似"鸡笼"而得名，后来才改为"基隆"。地名由"俗"变"雅"，就像我们新加坡的"红毛桥"（红毛，指外国人）变为"宏茂桥"一样。

　　"咖啡乌"，词典的释义是"只加糖不加奶的咖啡。马来语音译"。对于"马来语音译"，我也不更改，尽管我曾说"解释语言交流中所出现的语言现象，必须谨慎，如'咖啡乌'（不加奶的咖啡）这个词，一般认为是受马来话的影响，是用了马来话的构词法而造的词。'乌'是'黑'（闽南话），不说'乌咖啡'，而说'咖啡乌'，把修饰成分放在中心成分之后，正是马来话的构词法。其实，这是误解。'咖啡乌'是卖咖啡小贩叫喊的语言：'咖啡——乌'。喊了'咖啡'，让冲泡的人先知道是'咖啡'，再喊'乌'，表示只加糖，就像'咖啡——白'一样。'茶乌'，以及泰国地区的'咖啡凉、咖啡热'，都是如此，而不能解释为受外语影响的结果。'米暹'是新加坡和马来西亚华语以及方言里的外来词，'米'是'米粉'，'暹'是'暹罗'（泰国）。'米暹'是泰式烹调的米粉。'米暹'的'暹'是修饰成分，位置在中心语的后边。'米暹'是马来语里的外来词，用的是马来语的语法结构。方言将它音译，成为音译词。'咖啡乌'和'米暹'，表面上看是相同的结构，其实大不相同"。

　　我举这两个例子，是要说明，《全球华语词典》在解决华语区的交流问题之外，其实也提供了很多语言和语言交流有待研究的问题。

二

　　2010 年 5 月 17 日，中国教育部、国家语委在北京人民大会堂召开《全球华语词典》出版座谈会。词典的荣誉顾问新加坡内阁资政李光耀先生在讲话中指出，根据世界上一些语言沟通的经验，各地华语也应该用协商和讨论的办法相互沟通，减少差别。他提议在《全球华语词典》的基础上，将华语中相同的和有差别的词汇全部收取，编成《全球华语大词典》。

　　词典的另外一位荣誉顾问，中国全国政协前主席李瑞环先生随即对编写《全球华语大词典》表示积极支持。会后，时任中国新闻出版总署署长柳斌杰便指示，将《全球华语大词典》列入总署议事日程。《全球华语大词典》现在已经列入中国国家"十二五"出版规划重点出版项目，并获得中国国家出版基金支持。

《全球华语大词典》将是一部反映全球华人社区华语词汇面貌的中型语文辞书，供世界各地华人和华语学习者使用。这部词典将尽可能收入华语中相同的和有差别的词汇。预计词典将收入共有字词约 6 万条、特有字词约 2 万条。词典篇幅 500 万字。词条的选择将建立在 LIVAC 汉语共时语料库所提供的词条基础上。

词典所说的全球华语，主要指中国大陆/内地、中国香港、中国澳门、中国台湾，新加坡、马来西亚、泰国、菲律宾、印度尼西亚、越南、老挝、缅甸、柬埔寨、日本、韩国、澳大利亚、新西兰，以及欧洲和美洲等地的华语。

词典注重实用性，力求促进不同华人社区之间的交流，在华语使用中起协调作用。词典预定在 2014 年出版。①

词典的编委会由顾问、主编、副主编、编委组成。编委会秘书处设在北京商务印书馆。词典的主编是李宇明。词典的学术顾问包括陆俭明、邢福义和周清海。词典将分为中国大陆组、中国港澳组、中国台湾组、马来西亚组、新加坡组。除了这五组之外，泰国、菲律宾、印度尼西亚、越南、老挝、缅甸、柬埔寨、日本、韩国、澳大利亚、新西兰，以及欧洲和美洲等地的华语词汇，也委任专人负责。

新加坡组的主持是汪惠迪，成员包括李子玲、潘秋平、赵守辉和钟天祥。审定是周清海。

除了在华语使用中起协调作用之外，《全球华语词典》和《全球华语大词典》对汉语的推广以及各地的华语教学，包括教材、评鉴等方面，都将提供许多值得研究和思考的课题。北京语言大学张倪佩的硕士学位论文《马来西亚华语与普通话词语对比研究——基于〈全球华语词典〉的考察》就指出了下面的问题："马来西亚教育部和马来西亚玛拉工艺学

---

① 《全球华语大词典》正式出版时间是 2016 年。

院从 2007 至 2011 年起派了马来储备师资到北京外国语大学和北京语言大学就读汉语本科,以期毕业回国后在各源流中小学教华语。马来储备师资当中只有极少数人受过马来西亚华语教育,其余绝大部分从零起点开始学习。基于华语词与普通话词语存在许多差异,因此接受普通话教育的马来储备师资毕业回国后可能会面对与当地华人交际障碍的问题。由于他们来华之前不谙马来西亚华语,在马来西亚也不常与华人接触,对华人社会的现象、习惯和用词都不了解。"如何解决这类问题,值得我们思考。

全球华语语法研究

1999 年，我开始倡议编纂《全球华语词典》。这个倡议获得华语区学者的广泛支持。2005 年中国国家语委科研规划领导小组办公室审核立项，将其列为中国国家语言文字应用科研重点项目，并拨发研究费。

《全球华语词典》在 2010 年出版，并在北京人民大会堂举行出版座谈会。李光耀先生和李瑞环先生作为词典的荣誉顾问，出席了座谈会。李光耀先生在座谈会上建议，在《全球华语词典》的基础上，编纂《全球华语大词典》。这个建议获得中方的积极支持。五年后，由北京商务印书馆出版《全球华语大词典》。《全球华语大词典》将是目前唯一的一部从全球华人的立场，为全球华人服务的词典。这是对不同地区华人智慧的肯定，也是向全世界表明中国对语言和谐的重视。《全球华语大词典》的编纂，只是全球华人合作的一个开端，也是人和的具体表现。

除了词典之外，在国际研讨会上做主题发言时，我也多次强调：现代汉语可以分为两个阶段。1949 年到中国改革开放之前，是一个阶段，这个可以叫现代汉语的分裂时期。中国改革开放之后到现在，是现代汉语的融合阶段。1949 年以前的"国语"，无论词汇或语法现象，都保留在各地的华语里，加上华语区多语社会的影响，华语出现许多和中国现代汉语不同的特点。中国现代汉语和各地华语的交流与融合，将使现代汉语出现较大的变化。这个融合还在进行，还没有固定下来，因此词汇之外，各地华语语法的差异，也值得我们观察研究。我因此也积极倡议研究全球华语语法。

　　研究全球华语语法的构想，是我和邢福义教授、陆俭明教授、李宇明先生等人讨论的结果。大家都认为这是汉语传播、汉语走向全球必须做的工作。只有对词汇和语法有了比较全面的了解，才能把汉语传播的工作做得更有信心，做得更好。

　　2010年10月，我受华中师范大学校长的邀请，作为世界杰出华人学者访问该大学。在和邢福义教授的座谈中，邢教授告诉我他决定由华中师范大学语言与语言教育研究中心带头做这项工作。2011年，邢教授以"全球华语语法研究"立项，作为中国国家重大研究项目，已经得到中国国家社科基金的支持。

　　2011年10月24日，邢教授对《湖北日报》的记者说："这个研究将改变过去研究汉语语法主要限定在国内的情况，……而在全世界范围里来研究华语使用的情况。提出该项目，一是为了适应国家发展的需要，有利于促进华语的交际畅通和国际传播，同时增强全球华人的民族认同感，增强华语成为全球华人大团结纽带的作用。二是为了有效回应国际华人学者的倡议。从2009年开始，新加坡著名语言学家周清海教授多次发来邮件，希望将全球华语语法的研究提上日程。这一倡议反映了世界华人的寄托和期待。于是经过两年多的准备，组织起一支内外结合、协同攻关的国际性研究团队。……对全球华语语法进行全面考察，无论在国内还是国际上都是首次。这意味着汉语语法研究迈上了一个新起点，将从语言研究的角度，对中华文化的弘扬起到有力的推动作用……"

　　"全球华语语法研究"的第一步工作，是研制一份《华语语法调查大纲》，完成五卷本《全球华语语法调查报告》（时间四年）。五卷本，每卷都是一个子课题，即：中国台湾卷、中国港澳卷，新加坡卷、马来西亚卷和美国卷。新加坡卷的研究成员有新加坡国立大学中文系的李子玲教授和潘秋平教授。

　　"全球华语语法研究"的学术咨询有五人。国外学术咨询：周清海、李英哲；中国国内学术咨询：李宇明、陆俭明、张振兴。

　　作为全球华语语法的倡议者和学术咨询之一，我希望通过《全球华语大词典》的编纂、全球华语语法的研究工作，为新加坡培养华语语言研究人才，同时也为他们搭建国际联系的桥梁。在词汇和语法方面的研究完成之后，能对华语传媒用语、教科书的编撰、语言教学人员的培训等起到积极的作用，更能引导华语的发展与融合。

2017 年 1 月 28 日

新加坡华语语法研究的结项报告*

一 新加坡组的负责人

新加坡卷的召集人是周清海教授，团队有新加坡国立大学中文系的李子玲副教授和潘秋平副教授、旅居美国的新加坡学者陈玉珊博士及研究助理梁文颖。蔡瀚辉、林春海和郭旺霖三位同学也在潘秋平副教授的指导下完成了这方面的研究论文。整个研究工作由潘秋平副教授负责。潘教授也将是接下来的全球华语语法研究新加坡组的负责人。

新加坡卷各章作者都署名，本书的主编潘秋平副教授将书写卷首的绪论。五卷本的研究报告需要有一篇共同的前言，介绍这个研究的设想、研究成果以及将来进一步的工作。我认为这篇前言应该请首席专家邢福义教授撰写。

二 新加坡华语书面语语法研究的总结

第一，新加坡华语书面语和语体文高度统一，差距很小。这是因为新加坡的语文教学在新加坡建国以前就注重标准书面语，用的语文教材和中国大陆 1949 年以前的完全相同。

新加坡独立建国（1965 年）之后，语文课本虽然加入了许多本地的教材，但对语言标准的要求仍然保持不变。我们主张新加坡华语应该向普通话倾斜。因此在有大面积影响的媒体、语文教育、正式文件等方面，都积极坚持这项政策。这些年下来，新加坡华语书面语和其他华语区的

---

*　2015 年 9 月 15 日，在夏威夷召开"全球华语语法研究"结项会议。本文是会上的发言稿。

书面语以及现代汉语书面语的语法差距是很小的。

第二，对新加坡华语书面语的研究，文献很多，我们在《新加坡华语语法研究现状综述》一章里做了总结，以方便和各华语区的研究对比，作为编写华语语法长编时的参考。

第三，除了对过去的研究做总结之外，也提出许多语言研究者应该深省的问题。例如：哪一种结构源于哪一种方言，是怎么决定的？为什么一个语言里需要有两种形式来表达相同的意义？即使方言干扰的说法成立，也不是方言所有的结构特征都能有效地干扰新加坡华语的结构系统，当中存在哪些限制？……这些问题，都可以成为以后总结过去研究重要的思考据点。

第四，在这个设想下，新加坡卷的前两章分别总结过去的研究情况，也对研究提出思考的据点。这两章是：第一章，新加坡华语语法研究导论（潘秋平、陈玉珊、梁文颖）；第二章，新加坡华语语法研究现状综述（潘秋平、梁文颖）。

第五，过去的研究都注重书面语，而忽略了口语，使得新加坡华语的研究没有新的进展。在口语方面，许多过去研究者所提及的特殊语法现象，这些年来已经大量消失了。因此新加坡现在的华语口语更值得我们重视。

第六，从第二章的文献回顾可发现，过去研究的共同倾向就是从普通话的立场来单向地看待新加坡华语语法的特点。在这种研究模式下，研究者"挑出"新加坡华语中与普通话不同的语料加以讨论，认为这些就是新加坡华语语法的特点。然而，这并不足以让我们看到新加坡华语语法的整体面貌。

首先，这种研究方法只告诉我们新加坡华语"变"了什么，却忽略了"不变"的部分。"不变"的部分之所以重要，是因为过于强调"变"的部分容易出现以偏概全的毛病。譬如在谈到双宾语的词序时，说新加坡华语由于受到闽、粤语的影响，双宾语语序是指物宾语（即直接宾语）在前，指人宾语（即间接宾语）在后（如"他给三本书我"）。这给人一个错觉，似乎在新加坡华语里双宾结构只有这一种说法。实际情况是，在新加坡华语里，既有指物宾语在前、指人宾语在后的双宾结构（如上面所举的例子），也有指人宾语在前、指物宾语在后的双宾结构（如"给他五块钱""告诉他一个好消息"）。

此外，现有研究让我们看到了新加坡华语"有"而普通话"没有"的语法现象，却忽略了普通话"有"而新加坡华语"没有"的语法表现。

三　新加坡华语的现况

第一，由于早期新加坡社会的主要语言是各种汉语方言，因此方言对新加坡华语口语的影响非常大，许多典型的新加坡华语口语语法现象有方言语法的痕迹。然而，随着方言在新加坡的使用日益式微，越来越多新加坡年轻人放弃方言，他们所说的华语受到的方言的影响也开始减弱。此外，越来越多的新加坡华人家庭的孩子是在以英语为主要家庭用语的环境里长大的，他们在日常生活中也很少说或者不说华语。双语政策的实施使他们所说的华语开始受到英语语法影响。

第二，在1990年新中建交后，新一批中国移民涌入新加坡，语文教师里也有不少新移民，因此新加坡华语也明显地逐渐"向普通话靠拢"，进一步削弱了方言语法对新加坡华语口语的影响。

第三，现今的新加坡华语口语语法，一方面面对方言影响的式微，另一方面也受到英语语法的压力与影响。因此，我们的研究除了希望能弥补近20多年来学术界对于新加坡华语口语语法研究的缺失，也希望能适时地记录现今新加坡华语口语的使用状况，作为未来研究的参照。

第四，1979年的讲华语运动提倡以华语替代方言，强调"会讲、能讲、先讲"，禁止方言节目，在家里、商店、巴刹、小贩中心等公共场所开始说华语，"不完整学习"使一般人的通用华语口语带有浓厚的方言表达习惯，并逐渐形成一种新的语言变体。

第五，随着新加坡标准华语的推广，新加坡华语和标准华语构成的双层现象就更为明显——新加坡标准华语作为上层语言，在正式场合使用，如学校教育、大众媒体及正式演讲等；而作为变体的新加坡华语口语取代了原本在华人之间通用的各种方言，成为华人在各种非正式场合通用的下层语言。

四　我们的研究重点

第一，要对新加坡华语语法进行描写和分析，我们首先必须对新加坡华语的内涵和外延有较清晰的认识。对新加坡华语语法的研究，不能只偏重书面语。我们认为有关新加坡华语的语法研究，既可以立足于书面语及新加坡标准华语之上，也可以以人们日常生活常用口语为对象。因为两者在新加坡社会的流通范围都很广。

从书面语的角度来研究新加坡华语语法的成果丰硕，而自20世纪90年代以来，没有专门针对新加坡华语口语语法的研究资料。尽管日常口语是最常见的语言实践方式，可是语言学的研究从来都是以书面语为核心的。

第二，新加坡标准华语以现代汉语普通话作为参照规范，在语法上的表现和现代汉语普通话的差异不大，因此一个说普通话的人能轻松地阅读新加坡的华文报章、书籍，或收听新加坡的华文广播（除了一些带有本地色彩的词汇）。但是，当他们来到新加坡时，不一定能理解新加坡华人日常生活所说的华语口语，因为在语法和语用上，新加坡华语口语和新加坡标准华语（或普通话）有一定的差距。而从报章论述来看，新加坡华语口语在新加坡华人社群中的使用已有数十年，且使用范围甚广。因此，我们觉得，并不能以"不成熟"的说法否定新加坡华语口语研究的重要性。

第三，我们不能把所有跟普通话不同的语言现象都当成新加坡华语的特点，而应考虑该语言现象在新加坡的可接受性及使用频率。一个语言现象是否能被大多数新加坡华人，尤其是以华语为常用语、第一语言的华人接受，应该作为我们判定新加坡华语的主要依据。语料的选择是影响研究结论的重要因素，若研究者没有考虑新加坡的特殊社会背景，而将某些使用偏误的现象当成新加坡华语的一部分，是不利于新加坡华语的研究的，也容易造成其他不熟悉新加坡华语的人士的误解。

第四，我们主要通过以下五种途径收集口语语料。

（1）日常生活的随听随记。收集人们日常生活的对话材料是研究一个活语言语法的最佳途径，人们自然的互动交流能反映新加坡华语最真实的面貌。

（2）自然语言的录音。新加坡国家档案馆（National Archives of Singapore）的口述历史中心（Oral History Centre）建立了口述历史资料库（Collection of Oral History Recording Database），以口述历史方法学访问了在见证新加坡历史转变的各阶层人士。由于口述历史资料是在毫无拘束的情形下，以对话方式进行收集、录音，并转写成文稿的，所以文稿也保留了口语化的特征，是了解及收集新加坡年长人士的华语口语用语习惯的方法。如果我们假定一个人的用语习惯定形于 30 岁左右，那么，这一部分语料在一定程度上也反映了 20 世纪六七十年代新加坡华语口语的面貌。

此外，我们也通过学生作业收集学生们的日常生活对话，通过他们提供的录音文件收集新加坡华语口语语料。虽然这一部分语料的年龄覆盖面较广，却呈现了现今新加坡华语的普遍用语现象。

（3）综艺节目、电视剧及电影对白。虽然这类通过荧幕收集而来的语料并不比日常生活口语来得自然，受到节目主持人本身的语言程度、编剧剧本的影响，其规范程度较高，但正因如此，我们从中发现的变异现象就更难能可贵，因为这些现象已经成为新加坡华语的一部分，且不易为人所察觉。

综艺节目部分，我们主要选择的是真人秀节目以及谈话节目。这两种节目即兴成分较高，更能真实地反映新加坡华语的普遍用语现象。

另外，新加坡也有许多反映本土生活的电视剧及电影，这些电视剧和电影为了得到大众的回响，所使用的语言更为通俗、本土化，为的就是贴近人民生活。因此，这些电视电影也能提供给我们可信赖的语料。

（4）自拟。为了确保自拟的语法例句的可靠性，我们都会向其他新加坡华语用语者再三确定。若出现争议，也会尽可能做出说明。在本书的一些篇章里，也采用了立足于一个新加坡华语用语者的研究方式，研究者从自身的语感来描写与论述新加坡华语语法的特色。这也类似于通过一个发音人进行汉语方言田野调查的方法。为确保语料的可靠性，研究者也会与其他新加坡华语用语者进行核对。

（5）现有研究文献的例句。由于现有文献对新加坡华语的研究包含了书面语及口语，因此在使用这一方面的语料之前，我们会先确保该例句在口语里是能说的。

从上述五个方面收集到的口语材料就构成了本书对新加坡华语语法进行描写和分析的基础。我们也必须承认上述口语材料也会存在内部的差异，而这种差异主要体现在年龄及教育程度的差异上。

第五，本书立足口语语料，采取非对比性的语法研究路子，并根据几个不同的语法范畴对新加坡华语的语法现象进行描写和分析。在这个基础上，我们希望揭示新加坡华语的语法系统具有了现代汉语南北方言的特点，因此也会从方言类型学的角度进行分析。我们认为现在的研究成果就像一个平面上的许多散点，只要经过整理归纳，并结合新的语料，就能将各点连成线并形成面，展现新加坡华语语法系统的初貌，并在此基础上对新加坡华语进行更深一层的研究。

我们希望在现有研究成果的基础上，结合新的语料及语法理论，来探讨新加坡华语的语法系统如何体现南北方言的特点。当我们从一个整体的语法系统去看新加坡华语语法的现象时，我们可以同时看到新加坡华语里的"变"与"不变"，也更能看出方言接触如何改变新加坡华语的语法系统，使其自成一格；通过语法理论，能论证新加坡华语并不是一个任意吸收方言成分、毫无语法规则的语言，也可进一步解释为什么有些方言语法如今已经在新加坡华语里消失，有些方言语法却完全融入新加坡华语语法，其"方言性质"已经减弱，对大部分新加坡华语用语者来说，在使用上并不会有陌生感。

五　对这项研究的一些建议

首先感谢邢福义兄对我提出研究全球华语语法，以及编写"语法长编"的支持。这项研究的第一期是个摸底的工作，我们总结了各地华语的研究，提出许多需要我们深思的问题。总结过去研究的部分可以成为我们编写"语法长编"的参考，而开展的许多点的研究，将成为各华语区将来描写自己本地华语语法的基础。

我完全同意邢福义教授对全球华语语法研究所提出的基本构想："启动这一项目，既是为了深入了解华语语情，揭示华语语法的基本面貌，也是为了促进华人社会的语言沟通和汉语的国际教育与传播，为中华文化的发展和繁荣做出我们的努力。我们期待的是，本项目能够成为学界的一项共同课题，能有更多的学者加入到研究的行列。"

福义兄的构想需要分几个阶段进行。在"深入了解华语语情，揭示华语语法的基本面貌"部分，我们只是走了第一步。我们需要继续努力，吸收更多的年轻学者参与到这个工作中来，以建立年轻的研究团队。我们也需要让国际上更多的语言研究者了解我们。因此，我正式向会议提出下列建议。

第一，继续争取社科基金的支持，让这项研究成为滚动式的研究。第一期五卷本的报告只是完成了摸底的工作，希望各组在这个基础上继续努力合作。

第二，在第一期成果出版时，举行发布会兼国际学术研讨会。

第三，既然华语书面语和正式的口语与现代汉语在语法上的差距不大，而以往的研究已经将这个差距说得非常清楚，我们就有条件在这个基础上开始编写"语法长编"。因此，我建议"语法长编"的编写工作也应该启动。这对"汉语的国际教育与传播"意义重大，需要另外立项，并且争取和汉语传播有关的部门的支持。至于口语的研究成果，可以日后作为"语法长编"的补编。

第四，在中国之外，成立翻译组，将我们的成果出版英文本。新加坡国立大学中文系的李子玲和潘秋平两位教授已经开始进行这方面的工作，希望其他地区的学者也能参与。如果另外立项，作为语言研究中心的另外一个项目，也是可行的，

第五，加强各地语法研究生的交往。新加坡国立大学中文系欢迎各地研究生到新加坡来，以新加坡或其他地区的华语为研究对象，在国大攻读博士学位，或者以交换研究生的形式，促进年轻学人的交流。

第六，看了美国组的报告，启发我另外一个建议：启动对西方唐人街的语言调查。美国的调查是一个开端，可以在这个基础上，展开澳洲、欧洲等地的调查。中印半岛、南非等地的调查工作也可以配合"一带一路"的发展而展开。

新加坡的华语研究[*]

李光耀资政生前极为重视华语，曾于 1979 年发起了讲华语运动。新加坡人应该讲怎样的华语？应该以哪个地区的口语为标准？华语的标准问题引起了我的关注。

新加坡和中国建交是在 1990 年。1979 年以前到 1990 年，新加坡人很少到中国大陆，也很少听到普通话。回乡探亲的都是老一辈的华人，他们去的大多是中国的南方地区。

除了中国以外，其他华语区都是在没有口语的基础上发展了自己的华语口语。这就造成了华语区的华语深受中国南方方言的影响。我受教育时，字的发音，都是根据字典里的注音符号注的音。字典注的都是"国语"的发音，而不是普通话的发音。

《现代汉语词典》在 1978 年正式发行第一版，当时在新加坡是看不到也买不到的。《新华字典》也是很晚才能在新加坡翻版出售。这是因为当时中国的字典和词典都带上了政治色彩，不合适在新加坡出售。

1985 年，第一届国际汉语教学讨论会在北京香山举行。我参加了会议。这是我第一次到北京。在北京的几天里，我发现普通话和新加坡华语是有差距的。北京大学的陆俭明教授对我说："有必要了解新加坡华语的特点，发现这些特点，描写这些特点，以便为华语的规范化提供依据。"了解了新加坡华语的特点，在华语教学里，才能正确地对待、处理这些差距。这些都是我时时挂在心上的事。

回来后，我向时任总理李光耀先生建议，《联合早报》应该聘请一位

---

* 陆俭明著《新加坡华语语法》于 2018 年 9 月 7 日下午在南洋理工大学华裔馆举行发布仪式，这是笔者在仪式上的发言。

了解普通话的学者担任语文顾问，专责审查记者们的用语。此外，我也在思考：新加坡华语必须完全以普通话为规范标准吗？

十年之后，即1994年，为了面对中国改革开放可能给新加坡带来的影响，南洋理工大学成立了中华语言文化中心。我和云惟利先生负责筹建中心，并拟订研究计划。在语言研究方面，我们决定了三个研究方向：第一，东南亚华人语言研究；第二，新加坡华语与现代汉语标准语的比较研究；第三，新加坡华人语言运用研究。

第一，东南亚华人语言研究。这个研究能够发动本地和华语区的宗乡团体、学术人员，组成联系网。当时参加研究的有中国香港、中国台湾、美国夏威夷的学者。研究的成果能让我们深入了解东南亚华人的语言现象，对华语的全球化、新加坡人向东南亚发展，提供可参考的讯息。

云惟利的《一种方言在两地三代间的变异》（厦门大学出版社，2004）就是研究的成果之一。书中说："语言衰变的过程，可以从这三个场所来观察。……从衰弱到衰亡，这衰变的过程可以分为三个阶段：……第一阶段退出的场所通常是学校。……第二个退出的场所通常是工作场所。……第三个阶段……是连家庭这个场所也退出了。当一种方言到了无法在家庭生存的时候，便已接近消亡了。……文昌话在文莱，漳州话在马六甲，都相当衰弱。现在的少年很可能是最后一代会说文昌话和漳州话的人。到了他们的子女一代，文昌话和漳州话便成为绝响了。"这个叙述，在我们观察新加坡华语的应用走向时，值得参考。

在多语环境里生活的华人，在方言和华语之间，以华语替代方言，是必然的趋势。尤其在全球化的压力下，华人必须掌握当地的高层语言，掌握英语、华语，要再掌握自己的方言，困难非常大。方言退出教育、交际的场合，几乎是迟早的事、必然的事。

东南亚华人的语言研究，能为语言的相互影响提供无限的实例，能为华语的地区变体提供解释，也能充分显示华人的语言变化与语言选择的趋势，更能为逐渐消失的方言存档，这也是文化遗产的抢救工作。①

---

① 周清海：《海外汉语方言研究的意义》，《变动中的语言》，玲子传媒，2009，第156～171页。

可惜这个研究没有继续下去，所建立的联系网，也没有好好地维持，以致现在华语区的方言研究完全处在没有计划的状态，很多研究者孤军作战，面对的困难非常大。马来西亚的年轻学者邱克威对马来西亚华人的方言研究做了不少工作，希望在中国发展的大背景下，他的研究能得到有关研究机构的支持。

第二，新加坡华语与现代汉语标准语的比较研究。这项研究是我离开中华语言文化中心之后，在中国学者的参与推动下陆续完成的。这部分的研究成果如下。

（1）陆俭明的研究报告《新加坡华语语法的特点》，改变了我一切以普通话为规范标准的看法，而强调新加坡华语的规范应该向普通话倾斜。他的《新加坡华语语法》（商务印书馆，2018），2018年9月7日由南洋理工大学文学院和中华语言文化中心在华裔馆共同举行发布仪式。

（2）我倡导并得到中国出版总署和北京商务印书馆的支持，以李宇明教授为主编，编纂和出版了《全球华语词典》《全球华语大词典》；得到中国国家社科基金和华中师范大学语言研究所以及邢福义教授的支持，研究"全球华语语法"。从华语的全球化发展方向观察，《全球华语大词典》将比《现代汉语词典》更适合华语区应用。语法研究和词典的编纂都是为了解决全球华语沟通中出现的问题。

"大华语"的概念也是在陆先生研究的基础上产生的。随着"大华语"概念往下思考，语言教科书的在地化，就是必须注意的事。由中国编写语言教科书向国际推广，就不一定能符合各地语言学习的需要。

在编纂词典、进行全球华语语法研究中所组成的学术网络，应该继续维持下去。词典和研究的学术成果对于语言教学的影响，还没有完全被认识。

第三，新加坡华人语言运用研究。我关心新加坡华人对华语认同感的变化问题。我认为，如果我们没有办法做到让新加坡华人对华语和它所代表的文化具有认同感，觉得学华语讲华语是天公地道的，觉得掌握双语是光荣的，那么，年轻人出现语言认同转移的可能性是存在的。过去受华文教育者对方言的认同感转移到华语上面来，他们不觉得放弃方言是可惜的。如果我们的年轻一代对语言的认同感转移了，他们也会认为放弃华语是不可惜的。因此，对我国华人的语言应用情况、语言认同等问题，应该加以观察和研究。

1996 年，南大中华语言文化中心曾进行过研究，成果有陈松岑的《新加坡华人的语言态度及其对语言能力和语言使用的影响》（陈章太等编《世纪之交的中国应用语言学研究》，华语教学出版社，1999）、徐大明等的《新加坡华社语言调查》（南京大学出版社，2005），但之后未见新的研究成果。有人认为，现在新加坡的"讲华语的环境"，已经大不如当年的"讲华语的环境"。我就没有研究的根据可以回答这个问题。

观察今后新加坡的双语教育走向、人民语言态度的转变以及语言教学方法的研究等，都需要教育部和大专机构的关心和注意。怎样在过去的基础上，往前看、往前发展，更是新加坡人应该思考的。

新加坡华人语言运用的研究，需要有计划地展开。我认为，今后我们有必要做几件事。第一，定期举办国际性的双语教育研讨会，总结我们的经验，加强和世界研究双语的教育机构的联系。第二，长期观察、研究今后我国的双语教育走向、人民语言态度的转变、语言教学方法以及语言的比较等。过去几次的华文教学检讨委员会曾经面临研究资料缺乏的问题而需要委托私人调查研究机构临时进行调查研究，这样的局面就可以避免。第三，设立双语研究基金，以鼓励双语的语言研究和教学研究。

我一辈子从事华文教学，也曾为语言研究拟订计划，我的总结是：研究必须有计划地进行，才能产生深远的影响。新加坡太小了，我们的语言教学与语言研究必须联系其他华语区一起进行。今年 7 月 20 日，中国出版集团一行人访问新加坡，我安排他们和大专学术机构座谈，目的就是促进联系，他们说："对新加坡有了深刻印象，也明白了新加坡在东南亚的龙头作用。希望我们能够做一些实实在在的事情。"我期望从事华文教学与华文研究的新加坡朋友们能够继续推进新加坡的"龙头"作用。

周清海著《华语教学语法》[*] 前言

　　关于语法教学，我一向主张语文教师必须掌握一套完整的、成系统的语法知识。有了这一套语法知识，在面对教学中的语法问题、在为语言学习者解决语法困难时，语文教师才有办法做到知其然，也知其所以然，才有办法更好地解释语法现象，设计更灵活的教学方法。

　　语文教师如果没有成系统的语法知识，不只课堂教学会受影响，连批改学生的作业，也不能充满信心地决定哪一个词是用的正确的，哪一个句子是对的，更没有办法用浅近的语言向语言学习者解释他们所犯的语言错误。

　　成系统的语法知识固然是重要的，但在课堂上的教学，我不主张成系统地教语法，而强调根据课文的需要、学习者的需要，结合词语教学和课堂活动，随机讲授语法。因为对语言学习者而言，应用语言的能力才是重要的，而不是成系统的语法知识。只有对所教学的语言的语法结构有深入的了解，语文教师才能更准确地把握教学重点，才能随机教学语法。

　　在语言规范方面，我主张华语必须有共同的核心，各地区的华语共同向这个核心靠拢，但我们也需要容忍语言的地区变体。只有在大同之下，包容小差异，才有助于华语走向世界。

　　本着上述信念，我编写了这本教学语法书。这套教材，既提供一套成系统的教学语法知识，同时也突出语法教学重点；既注意普通话的语法规范，也同时指出不同语言变体的语法现象。

---

　　* 周清海：《华语教学语法》，玲子传媒，2003。

　　我用这套教材，在南洋理工大学国立教育学院中文系，对不同课程的华文教师讲授语法，已经有20多年了。这20多年来，不断地修改、补充——尤其是补充了许多语文教师日常教学中所可能碰到的例句。我充分考虑语文教师的需要，少谈理论，多解决实际问题。相信这套语法教材对华文教师学习与教学语法一定有帮助。

　　最后，我得感谢这20多年来参加课程的同学。他们上课后的反馈，给我提供了不少修改的思路。同事符慧菁、林惜莱帮我上语法辅导课，她们也提议改进书中的一些说明，校正一些别字。吴英成教授也曾经用这套教材讲授语法，并且提议我用现在这个书名。和他们共事，是一个愉快的经历，也在这里向他们道谢。

　　30多年的教育与研究工作，能有一些成绩，都是在家人的关心与爱护下，才能取得的。就把这本书送给内人丽珍，孩子翔志、欣燕和翔翰。

2003 年 5 月 6 日

《华语教学语法》修订版[*]序言

《华语教学语法》在 2003 年，由玲子传媒出版。

我对全球华语的看法，依旧没有改变。在语言规范方面，我一向强调华语必须有共同的核心，各地区的华语共同向这个核心靠拢，但我们也需要容忍语言的地区变体。只有在大同之下，包容小差异，才有助于华语走向世界。

从 2003 年到现在的十几二十年里，在中国和华语区朋友们的支持下，我们编成了《全球华语词典》《全球华语大词典》，同时也提出了"大华语"的概念，促成了"全球华语语法研究"项目。这是因为我和朋友们都觉得我们对华语文的未来负有责任。

过去的几年，除了在语言规划、华语研究以及华语教学等方面发表了一些论文之外，就是集中精力收集自己写过的论文以及出版过的专书。在学术机构服务的学生，以我的学术论文为研究对象，写了几篇文章，并且也要为我编辑全集。我本来只想收集旧作，以方便学生编全集，并没有改写旧作的打算。但国立教育学院中文系主任胡月宝教授建议我将《华语教学语法》修改单独再出版，因为学院的学员仍需要这样的教材。

她给我电邮说："老师，您一定要健康快乐，也希望您考虑重新再版您的重要著作《华语教学语法》，以便让更多后辈学习。"我重读了这本书，也发现有修改的价值。因为这本书所秉持的语言观念，更适合今天的语言发展形势。

我更期望这本书能成为华语区师资培训的共同语法教材。华语区之

---

* 《华语教学语法》修订版将由北京商务印书馆出版。

间需要有更多的沟通、联系，编辑共同的师资培训教材，是增加联系的好办法。我自己先将这本旧作修订，希望能适合华语区的教学需要。如果华语区的朋友愿意以这本小书为基础，加入不同地区的语料，编写成大华语区的语法教材，这对华语的国际推广，将能发挥更大的作用。

"大华语"的概念提了出来，也被大家接受。大华语概念下的教材，需要我们努力编撰。修订这本《华语教学语法》就算是我的尝试。

感谢胡月宝教授以及打算为我编全集的几位前同事。

2019 年 10 月 4 日

陆俭明著《新加坡华语语法》*序

俭明兄的新著《新加坡华语语法》就要出版，嘱我写序。这本书，和我有一些关系。我在语言方面的许多看法，也都和这部书所说的内容有关。我被这本书带回了 20 世纪 90 年代。因此，这篇序，除了从学术上说说这本书的价值之外，也涉及温馨的回忆。这篇序分为两个部分：（1）往事的回忆；（2）本书的特点以及对新加坡华语语法研究的贡献。

一　回忆往事

已故李光耀资政生前极为重视华语，曾于 1979 年发起了讲华语运动。为了让新加坡人民能更方便地学华语、用华语，有关部门也发起编写了"打电话学华语"课程，让有意学华语的新加坡民众通过电话学华语，把华语送到他们身边。作为课程的顾问之一，我就曾经为课程里的一个句子"贵也贵不到哪里去"踌躇了。当时，我们是以现代汉语作为华语的规范标准。这样的句子，方言里是能说的，但普通话能说吗？我没有到过中国，而在所有能看到的语法书里，如吕叔湘、朱德熙合著的《语法修辞讲话》，赵元任先生的 *A Grammar of Spoken Chinese*，等等，都找不到有关的说明。后来在老舍的著作里找到这样的用法，我才放心。"打电话学华语"的教材里，也就保留了这个说法。

1985 年，第一届国际汉语教学讨论会在北京香山举行，我和卢绍昌、陈重瑜、谢泽文、谢世涯等人参加了会议。这是我第一次到北京。在北京的几天交流里，我发现中国的普通话和新加坡的华语是有距离的，但

---

* 　陆俭明：《新加坡华语语法》，商务印书馆，2018。

距离在哪些方面？俭明兄说："有必要了解新加坡华语的特点，发现这些特点，描写这些特点，以便为华语的规范化提供依据。"只有了解华语和普通话有哪些差距，在华语教学里，才能正确地对待、处理这些差距。这些都是我时时挂在心上的事。

中国改革开放之后，有不少中国知识分子到新加坡来，他们对《联合早报》的用语，有很多意见。当时，我是《联合早报》的咨询委员之一，有机会看到他们所批评的《联合早报》用语。那些用语，除了一些明显是用词错误、是语病之外，也有一大部分是大多数新加坡人在用的。因此，我向时任总理李光耀先生建议，《联合早报》应该聘请一位语文顾问，专责审查记者们的用语。此外，我也在思考：新加坡华语必须完全以普通话为规范标准吗？

1994年，南洋理工大学成立了中华语言文化中心，我被当时的校长詹道存教授委任为中心主任，云惟利教授担任副主任。在语言研究方面，我们就开展了三个研究计划：（1）东南亚华人语言研究；（2）新加坡华语与现代汉语标准语的比较研究；（3）新加坡华人语言运用研究。

俭明兄就是中心聘请的第一位客座教授。我一直认为，中国一流的知识分子应该受到适当的尊重，因此俭明兄到中心来的待遇是和聘请欧美教授的待遇相等的。香港大专的友人就批评我说："你破坏了行情。"亏待中国内地的专家学者，是当时香港的风尚。

俭明兄到中心来从事新加坡华语与现代汉语标准语的比较研究，完成了《新加坡华语语法的特点》[①]一文。当时，我因为行政任务繁重，没有参加研究，但研究组的每次会议，我都出席，也就非常了解研究的进程。俭明兄的研究，对我产生了以下影响。

（1）改变了我一切以普通话为规范标准的看法，而强调新加坡华语的规范应该向普通话倾斜。

（2）后来我倡导编写《全球华语词典》《全球华语大词典》，倡议研究"全球华语语法"，以解决全球华语沟通中出现的问题，都是受他的研究启发的。

---

　①　收于《南大语言文化学报》第一卷第一期。

　　俭明兄在新加坡的日子，通过研究会议，日常相处，我们也就建立了友谊。从 1994 年至今，20 多年的相处，他成了我坦诚知心的朋友，成了我北京可以拜托的朋友。

　　1995 年，俭明兄回国之前，还特地带回了不少本地作家的作品，他准备写一本关于新加坡华语的语法书。这本书就是以书面语为语料，描写他所看到的八九十年代新加坡华语书面语的语法现象。

二　《新加坡华语语法》的特点与贡献

　　《新加坡华语语法》的特点与贡献，至少有下列几点。

　　第一，对 20 世纪八九十年代本地的新加坡华语语法研究，作者做了下列总结。

　　（1）本地学者的研究，不太注意区分共同语和方言，似乎只要跟中国普通话不同的都当新加坡华语语法的特点看待。事实上，其中所谈到的不少语法现象只是方言成分，而并非作为新加坡华人共同语的新加坡华语所有之语法现象。

　　（2）存在以偏概全的毛病。譬如在谈到双宾语的词序时，说新加坡华语由于受到闽、粤语的影响，双宾语语序是指物宾语（即直接宾语）在前，指人宾语（即间接宾语）在后（如"他给三本书我"）。这给人一个错觉，似乎在新加坡华语里双宾结构只有这一种说法。实际情况是，在新加坡华语里，既有指物宾语在前、指人宾语在后的双宾结构（如上面所举的例子），也有指人宾语在前、指物宾语在后的双宾结构（如"给他五块钱""告诉他一个好消息"），而且后者在书面上更常见，前者倒要受到一定的限制。

　　这些都是非常中肯的总结。此外，当时的华语语法研究都将书面语和口语混杂起来，以举例的方式说明华语和现代汉语的差距，而研究者都是不说当代普通话的，对现代汉语的语法现象，也不甚清楚，所根据的是当时或以前出版的语法书。

　　俭明兄和这些研究者不同，他生活在说当代普通话的环境里，又深入研究了普通话语法。由他来研究新加坡华语语法，就能避免"不见庐山真面目，只缘身在此山中"的困难。因此，全书有太多的发现，是我们作为新加坡华语使用者所没能发现的。书中指出的差异，至今仍存在在新加坡华语里。

第二，本书主要以新加坡华语的书面语为考察对象，同时兼顾口语。作者认为：（1）书面语是经过加工、提炼的语言，相对说来较具规范性；（2）一个民族的共同语一般包括口语和书面语两种形式，它们形成共同语的历史过程是不同的，一般说来，一个民族的共同语的形成，书面语要早于口语；（3）新加坡华人的口语，还未达到作为新加坡华人共同语的成熟阶段，如果以口语为主要考察材料，就容易把本不属于新加坡华语的现象看成新加坡华语的特点。

因此，他考察了由新加坡作家、学者撰写的华文书籍共110多本，包括小说、戏剧、散文集、游记、学术论文集和中小学华文教材，也考察了部分新加坡发行的华文报纸，主要是《联合早报》；此外也收听了新加坡电视台第八频道的部分华文节目。力求语料具有代表性、普遍性，以做到"凡是跟中国普通话一致的地方，本书要描写、说明；凡是跟中国普通话不一致的地方，本书更将特别指明"。

我曾经说："从新加坡华语的情况看来，因为没有共同的、成熟的口语为基础，却建立了共同的书面语，所以新加坡华语口语受外语的影响，远远超过书面语所受的影响。"这和俭明兄认为"新加坡口语并不成熟"的看法是一致的。但从语言接触的角度看，新加坡华语的口语比书面语更能体现新加坡华语语法的变异，而这些变异有的在口语里已经固定下来了，而且也出现在其他华语区，如马来西亚，这些现象今后也需要加以注意。如果是在其他华语区也出现的现象，还能算是新加坡华语的语法特点吗？

第三，本书是第一本成系统地讨论新加坡华语语法的专著，读者在学习、了解华语的语法特点、造成这些特点的原因，以及和普通话不同的细致分析之外，也同时学习一套语法体系。比如说：

"'一般上'是新加坡华语里所特有的一个副词，用得很普遍。"

"在中国普通话里，在带状态补语的述补结构中只用'得'，不用'到'。当然，也没有'使到'的说法。"

"在新加坡华语中，有一个特殊的助词'来'，它专门加在述补结构

'V 好'的后边。'V 好来'在意思上大致跟'V 好'相当，但含有强调希望达到预期的好结果的语法意义。"

"形容词谓语句中用'是'（不重读）：我认为这是很不公平。在中国普通话里没有这种欧化句式。"

"由于受英语的影响，在新加坡华语里'被'字句用得很广泛，不止出现在翻译作品中。"

这些，都是在一个完整的语法体系里论述的。在词法、词组、句子的不同项目下讨论新加坡华语的语法特点，让读者在了解语法差距之外，也学了一套语法体系。

上述特点，说明了本书特别适合作为本地报刊、传媒的从业员参考，作为大专学府里华文师资培训、中文系汉语科目以及语言比较的教材。俭明兄谦虚地说书的出版，只是想给自己留下印记。作为一个一辈子关心新加坡的华文发展、应用，参与华语华文的推动工作，以及从事华文师资培训的前从业员，我认真地说：这是一个不小的印记。

最后，我要再强调俭明兄对新加坡华语规范问题的看法："普遍性和系统性这二者之中，普遍性是首要的，系统性最终要服从于普遍性。"在这个看法的引领之下，我才有了"大华语"这个概念。在语文教学里，我也提出了"教学从严，评鉴从宽"的原则。所谓"教学从严"，就是在选材与教学中，特别注意向普通话倾斜，而"评鉴从宽"则应该充分考虑语言应用的事实。

王晓梅著《马来西亚华人社会
语言研究》[*]序

知道晓梅的《马来西亚华人社会语言研究》将要出版，非常高兴。她要我写序，我回答说对社会语言学，我的了解有限，建议她也找一位内行而且了解马来西亚社会语言状况的学者另外写一篇序。我只从和她的相处，说说王晓梅。

晓梅在书的自序里说：

> 我与南洋的缘分始于 1997 年，香港回归那一年。记得在北大五院二楼尽头的会议室里，第一次见到了周清海教授。他与陆俭明教授是多年挚友，为推动中新两国的教育文化交流，周老师提议保送两位中文系的本科生去南洋理工大学攻读硕士学位。我记得那天午后的阳光特别温煦，它透过古色古香的窗棂从周老师、陆老师背后洒进会议室，暖洋洋的。屈指算来，我已踏入南洋二十三载，与在国内的日子刚好拉平。二十多年的时光，足以让人扎根，不仅是生命之根，还有学术之根。

上面的一段话，把我带回到 20 世纪 90 年代。

1994 年，为了面对中国改革开放所可能给新加坡带来的影响，我受大学校长之命，负责在南洋理工大学成立中华语言文化中心。

中心成立后，除了设计一些与中国、中华文化相关的课程，让大学各院系的学生选修之外，在研究与交流上，我也拟订了一些计划。这些计划的目的是展开与中国学者的交流，带动新加坡的华语研究。我同时

---

* 《马来西亚华人社会语言研究》将由商务印书馆出版。

也考虑怎样协助中国年轻的中文系毕业生，了解世界，了解新加坡，和新加坡的年轻人建立友谊。

晓梅在给我的书《华语教学语法》修订本写的序言里回忆说："老师在二十多年前就看到了中新学术交流的重要性，他说：让中国学生来新加坡读研究生，认识东南亚，将来回中国就不一样了。"这些话，就道尽了我的心声。深造后回去的学生，带着国外的经验，对中国的语言教育与语言研究，一定能发挥影响。

1994 年，中国改革开放还未见成绩，当时中国学者的待遇也偏低，中文系的毕业生更难有机会出国深造，中心就提供了很好的条件，让中国学者出国交流。

给中文系的毕业生颁发到新加坡深造的奖学金，在新加坡、中国港澳台地区的大学里，中华语言文化中心是先行者。当时到中心来攻读硕士或博士学位的有北京大学、北京师范大学、华中师范大学、暨南大学等高校的毕业生或者教学人员。中心也提供奖学金给邻国马来西亚的学生，他们硕士毕业后，表现特出的，我也推荐到香港攻读博士学位。

这些工作，让我深刻地体味到华语的研究与推广，是华语区的责任。怎样扩大华语区的影响，发挥华语区在全球化中的作用，是将来应该好好探讨的事。

马来西亚有深厚、坚实的社会华文基础，掌握华文的人也多，但在华语区里没有产生积极、广泛的影响。为什么呢？在编辑《全球华语大词典》时，我的马来西亚朋友曾经对《全球华语词典》提了意见：

> 编辑部似乎并不尊重我国，因为马来西亚只有一位代表，而他却不在学术界。须知马来西亚的华语水平是中国大陆港台以外最高的，远超新加坡。我们有华文教育的最高机构董教总，也有规范华语的权威机构马来西亚华语规范理事会，这是新加坡所没有的，但编辑部却无视这些机构的存在。

> 我们也有几所大学设有中文系。此外我们的华裔人口也超过新加坡的，因此该书的收词不应该以新加坡马首是瞻，而应该考虑我国词语的使用情况。

在编纂《全球华语大词典》时，我们特别成立了马来西亚的编写组（四位），也成立了审读组（六位），我们也特别访问吉隆坡，希望借此增进新马、中国之间的交流。这些努力，并没有收到效果。

晓梅是我20多年前在北京大学亲自面试的研究生，她写了下面的一段话：

> 老师……说："让中国学生来新加坡读研究生，认识东南亚，将来回中国就不一样了。"虽然我毕业后没有回国，但是也留在了东南亚。二十年后，我把周老师请到了厦大分校人文大讲堂，为厦大师生开讲《大华语与马来西亚》。看着满头银发的周老师，感触颇深。二十年的光景一闪而过，这位"谦谦君子"智慧的光芒却越发耀眼。我很庆幸自己的生命在不同的阶段都受到这束光的照耀，他或在一旁亲切地注视，或伸出手扶助一把，或将洞见亲授。而且，他生命的光芒不吝于分享给任何人，尤其是对后辈，他都以宽广的胸怀将他们拥抱，就像疼爱自己的孩子一样。面对这样一位长者，除了感恩，就只能以自己的实干和成绩来报答了。

这段话，让我知道，我成立中华语言文化中心时的用心并没有白费，虽然晓梅没有留在新加坡，却到了吉隆坡，在厦门大学吉隆坡分校中文系服务。我相信，她在厦门大学吉隆坡分校、在马来西亚将发挥大作用。她的作用，应该不只在社会语言学，更在语言研究方面。

马来西亚有好的华文基础，但没走出去，过去的二三十年，在华文世界发挥的作用有限。晓梅和中国内地、中国香港、新加坡的学术界都有联系，希望她能组织马来西亚华文的力量，带头走出去。往后的二三十年，发展的中心在东南亚，需要更多的华文人才，马来西亚比其他东南亚国家更有优良的条件迎接这个发展。

马来西亚需要一批了解自己国家的定位、能在学者之间建立和谐关系的、有国际观的学者，来带领华文学界。这个带领者，如果方向正确，就能让马来西亚在华文世界里发挥更大的作用。晓梅具有这样的条件。我寄望于她。

2020 年 3 月 3 日

为邱克威的《马来西亚华语研究论集》[*] 说几句话

　　邱克威是马来西亚华语研究的杰出学者。他的《马来西亚华语研究论集》出版之前，要我写序。我阅读了全书，就为马来西亚能有这样一位年轻杰出的学者，感到欣喜。论文集里，处处流露了克威有很好的小学功底，他在传统的小学、方言学与语法学的修养，是大华语区（包括新马、中国港台地区），甚至包括中国大陆的年轻华语研究者，所难以企及的。

　　更可贵的是论文集里充分表现了他关注新马的华语语言问题，将历史的研究和语言结合起来；他也对马来亚特殊的"居銮华语"进行调查；而且更关注语言规范，甚至全球华语的问题。克威分析语言问题的能力、文字表达的熟练、古典文学的修养，都是非常可贵的。

　　看完了全书，我心想：应该为这样杰出的年轻学者做些什么事呢？

　　我考虑了几天，没答应为他的论集写序，而是写了电邮转请李宇明教授。为什么呢？

　　李宇明教授是中国杰出的语言学家、语言规划专家。我对全球华语的许多看法，都是得到他的支持，才能实现的。我的论文集《语言选择与语文教育》将由北京商务印书馆出版，就是请李教授写序的。我对他说："我这辈子做的很多事，都是得到您的支持，才能完成的。"他却说："为周先生的大著写序，我作为晚辈实在不够资格，但是先生说我'支

---

　　* 邱克威：《马来西亚华语研究论集》，华社研究中心，2017。

持'他做了一些事情，倒使我回忆起与先生交往的一些片段。"① 李教授的序文就"大华语"概念的初步提出以及成熟的整个过程，《全球华语词典》《全球华语大词典》的编纂过程，都做了详细的叙述，充满了学术味和人情味。②

　　怎样协助马来西亚华语的年轻研究者走出国门，一直是我挂在心上的事。因此，我觉得，邱克威需要认识李教授；李教授也应该了解邱克威，并进一步了解马来西亚的华语语情。

　　我马上给李宇明教授发电邮，李教授也即刻答应。他后来在给克威论文集写的序文里说：

　　　　新加坡周清海教授是我师辈，儒雅之风翩翩，华语之见硕硕。在《全球华语词典》《全球华语大词典》的编写过程中，在"大华语"概念的探讨形成中，在对"大华语"历史面貌与现实状况的认识上，我们的学术观点十分接近，学术行动遥相呼应，在十余年来大华语的研究中建立了亦师亦友的学术情谊。

　　　　2016 年 11 月底，清海先生发来一封电子邮件，主要谈两件事情：一是希望进一步推动"大华语"研究，策划编辑研究丛书；一是向我介绍邱克威博士，说邱博士计划出版一部自己的论文集，"论文很有看法，水准不错，对马来西亚将来的华语研究必将起推进的作用"，希望我能为之作序。我知道，清海先生特别关心年轻人的成长，更希望海外华语研究者能够与中国深结学缘。

　　我认为，在华语全球化的发展势头里，中国是应该起带头作用的，而协助华语区的研究者和中国建立更密切的关系，更是我挂心的事。

　　李宇明教授的序文也说："海外华语研究薄弱之原因，或有许多，其中之一是'汉语观'的偏狭。过去多注意本土汉语，而相对忽视本土之外的汉语，没有认识到'汉语是中国的，也是世界的'。"又说："为给克

---

①　李宇明：《"大华语"的一面旗帜——序周清海先生〈语言选择与语文教育〉》，《华文教学与研究》2020 年第 1 期。

②　关于词典编纂的详细的叙述，可以参见邹煜《家国情怀》，商务印书馆，2015，第 120～135 页。

威先生的大著作序，使我对马来西亚华语有了更多的认识，加深了对大华语及其变体开展研究的信心。"

李教授上面的叙述，就说明了我们新马能对中国的语言研究产生影响。

怎样让克威的论文集，发挥更大的影响，进而改变世界华语研究者的"汉语观"，是马来西亚的华语研究者应该考虑的。马来西亚需要突出某些杰出的学者，让国际注意。马来西亚的研究机构也可以以"大华语"为课题，举办国际学术研讨会。关注大华语的研究和发展，能让马来西亚在这方面发挥作用，能建立马来西亚和国际研究者的联系，这是马来西亚"走出去"应该考虑的事。

中国方面，也应该考虑设置一定的机制，鼓励华语区的学者。比如将《全球华语大词典》和区块链联系起来，让华语区的学者参与词典的编纂；计划出版华语研究丛书；等等。中国相关的大学也可以设立机制，和华语区杰出的语言学者交流，让他们到中国有关的大学讲学，推广华语的研究。中国的语言研究也必须和国家的"一带一路"相配合。这些都是有助于打破"汉语观"偏窄的实际行动。

海峡两岸现代汉语问题学术研讨会感言[*]

2005 年 11 月 4 日，第一届海峡两岸现代汉语问题学术研讨会在南开大学召开。有关研讨会的信息，是 2005 年初在商务印书馆正式成立《全球华语词典》编委会的会议上得知的。我马上表示一定出席。

中国友人不只积极合作，组织团队编写《全球华语词典》，更发起召开海峡两岸现代汉语问题学术研讨会。研讨会以"现代汉语问题"命名，可见中国的友人了解 1949 年之后，现代汉语和华语隔离开来，而改革开放以后，现代汉语就开始和华语相互融合。这个融合和融合的过程，有太多的问题值得探讨，必须引起学术界对现代汉语和华语之间差距的注意，并讨论如何处理这些差距。这种通过协商讨论的方式建立相互沟通的渠道，对现代汉语和华语将来的发展，是意义非凡的。

中国教育部语言文字信息管理司组编的《中国语言生活状况报告（2011）》第 148 页有这样的一段说明：

> 上世纪末，新加坡南洋理工大学教授周清海等多次倡议编纂《全球华语词典》，得到了海内外众多学者的赞同和支持。本世纪初，商务印书馆更是表示了极大的热忱，开始筹划词典的编纂，并于 2004 年率先在新加坡成立新马编写组，进行试编。2005 年，《全球华语词典》编写工作得到中国国家语言文字工作委员会的立项支持，以李宇明为主编的编委会正式成立……

这一段概括的话，承认了海外华语和中国的现代汉语是有差距的，而这些差距是必须处理的。只有处理好，才能避免交际中的误解。这是

---

* 本文曾收于周荐、董琨主编《我们一起走过的十年》，商务印书馆，2015，第 25~27 页。

大家的共识。

2005 年 11 月 3 日，我抵达北京国际机场。李宇明教授和周洪波先生到机场接我。从北京机场到天津的高速公路上起了大雾，汽车行驶得非常缓慢。在车上，洪波兄提及请李光耀资政作为《全球华语词典》的荣誉顾问，希望我促成这件事。

我出席海峡两岸现代汉语问题学术研讨会，以及参加《全球华语词典》的审稿会议，和中国的朋友们相处的机会也就多了起来。他们起初对海外的情况并不完全了解，后来掌握了具体情况，便积极有计划地投入人力、物力，这令我非常佩服。

从成立《全球华语词典》编委会、举办第一届海峡两岸现代汉语问题学术研讨会，到提议聘请李光耀资政为词典的荣誉顾问等，表现了中国朋友们处理问题的细心周详。和中国朋友相处，我常常想起 1978 年时任副总理的邓小平先生访问新加坡的事。邓小平先生邀请李光耀资政再到中国访问，《李光耀回忆录 1965—2000》第 666 页有下面的一段对话：

> 我说，等中国从"文化大革命"中恢复过来我就去。他说，那需要很长的时间。我不同意。我认为他们真要追上了，甚至会比新加坡做得更好，根本不会有问题；怎么说我们都不过只是福建、广东等地目不识丁、没有田地的农民的后裔，他们有的却是留守中原的达官显宦、文人学士的后代。他听后沉默不语。

邓小平南方谈话时说："新加坡的社会秩序算是好的，他们管得严，我们应该借鉴他们的经验，而且要比他们管得更好。"

看着中国的发展情况和发展速度，我相信达官显宦、文人学士的后代，一定能将国家管理得比新加坡更好。

我怀着谦逊和欣赏的心情看着中国朋友劝酒，看着中国朋友做事。虽然每次相聚，都是短短的几天，但给我留下的是朋友们的投入、大度和关心。我借用邢福义兄去年中秋时写给我的墨宝"相知无远近，万里尚为邻"（张九龄诗句），以纪念这一段和朋友们的相处之缘。

愿中国朋友、华语区朋友都健康愉快！

新加坡华语应用趣谈[*]

一 "最礼貌的司机"

为了配合礼貌运动，交通部要在几条特选公路上，找出最有礼貌的司机和行人。在宣传招贴上，用了"选出最礼貌的司机、行人"的句子。

这个句子里的"礼貌"是名词，"最"是副词。现代汉语的名词是不能用"最"修饰的，正像"钱"不能说成"最钱"，而只能说"最有钱""最没有钱"一样。"礼貌"只能说"有礼貌""没有礼貌""最有礼貌""最没有礼貌"。

一些关于烹饪的书刊，也常出现"预备最可口、最营养的食品"这样的句子。"营养"也是名词，所以不能说"最营养"，只能说"最有营养"。

"最有礼貌"和"最礼貌"，"最有营养"和"最营养"，虽然只省一个字，但省了以后的说法，与现代汉语的习惯不合，千万省不得。

现代汉语里也有名词受副词修饰的例子。这些例子，多数是古汉语的余留或模仿古汉语的结构而造的词组，如"不胫而走""不翼而飞""不男不女""不中不西"等。

除了成语之外，如"不名誉""不道德"等，也是以副词"不"修饰名词"名誉""道德"的。但从没有用副词"最"修饰名词的例子。

"没（有）礼貌"，在华语里，也说成"不礼貌"。但"没（有）名誉"和"不名誉"意思完全不同。

＊ 选自 1982～1983 年发表在英文《海峡时报》双语版专栏《华语趣谈》和《语文漫谈》上的短文。

我想，"不礼貌"恐怕是我们模仿"不名誉""不道德"一类结构而造出来的说法。"他对人很没有礼貌"，是普通话的说法；"他对人很不礼貌"，是华语的说法。

但是，语言是会变化的。这二三十年来现代汉语也出现变化。2005年的《现代汉语词典》中，"礼貌"就有了形容词的用法。"不礼貌""最礼貌"也就普遍用了。但"营养"还没有形容词的用法，"最营养"只是新马等地的用法。

二 "名电视节目主持人"

每逢星期三的"一曲难忘"节目里，我总会听到主持人说"××先生，名电视节目主持人"。"名电视节目主持人"可以分析为：

（1）名电视节目 + 主持人

（2）名 + 电视节目主持人

显然，说话者要表达的是第二种意思。但是"名"和"电视节目"连用就有了第一种结构的意思。

为了避免上述歧义现象，应该将"名"移在"主持人"之前。用"电视节目"来修饰"名主持人"。"电视节目名主持人"的关系就只有一种。

这种名词前头有两个以上的修饰语的情况，如果应用不当，常常容易发生歧义。举例如下。

（1）……可以解决一些女工特有的切身问题。

可以读成"一些女工 + 特有的切身问题"。为了避免歧义，句子应该改为"女工一些特有的切身问题"。

（2）……唯一拒绝他们的理由。

（3）头上光秃秃的，只剩下几根数得清的头发飘在后边。

"唯一"是修饰"理由"的，"几根"是修饰"头发"的。这两句应该改为："拒绝他们的唯一理由""只剩下数得清的几根头发飘在后边"。

三 "简陋的三餐"

名词或者动词的前头可以加上修饰语，比如："夺目的亮光""热诚地表示"。用了修饰语，使表达的意思更加具体准确。

但是，修饰语如果应用不当，不但会使所要表达的意义含混不清，甚至可能带来不必要的误解。

修饰语应用不当，常见的有两种情况。

1. 修饰语摆错了位置

广播局的"大众话题"有一期的题目是"我对以十巴仙的汉语拼音代替汉字的看法"。这个话题里的"十巴仙"，就摆错了位置。如何能以"十巴仙的汉语拼音"去代替汉字呢？拟定话题的负责人要表示的显然是"以汉语拼音代替十巴仙的汉字"。他的修饰语摆错了位置，以致意思含混不清。

曾经在报章上看到这样的句子："我们应该响应一切国家的号召。""一切"显然是指号召，而不是修饰"国家"。"一切"应该摆在"号召"的前面。

2. 用词错误

用一个词作为另一个词的修饰语，必须搭配适当，否则便是用错了词。某一个广播节目里，主持人念了这样的句子："他一天的劳碌，只能换来简陋的三餐。"

"简陋"只能用来修饰房屋、设备之类，不能用来修饰"三餐"。修饰三餐只能用"简单"，或者"粗简"。

四　"甚至"不可以写作"什至"

我国某大华文报的社论经常把"甚至"写作"什至"。这是不应该有的错误。

在汉字还没有规范化之前，也只有在"甚么"这个词里，"甚"才可以写作"什"。《国语词典》"什么"条下，注了"同甚么"。汉字规范之后，"甚么"就一律写作"什么"。但不是所有的"甚"都可以用"什"来替代。

"欺人太甚""甚于""甚而""甚至"的四个"甚"绝对不可以简化为"什"。报章上将"甚于""甚至"的"甚"写作"什"是错误的类推。

同一字形而有两个读音的字，分化为两个不同的写法的，还有"乾"字。"乾"在"干净""干妈""干杯""干燥"等词里，一律简化为"干"。但"乾隆皇帝"的"乾"并没有简化，不能写作"干"。

我国的大众传媒，在应用华文时，出现了一些可以避免的错误。我相信只要与传播工作有关的人员，多注意自己的语言文字习惯，这些错误就可以减少。

五　"每下愈况"还是"每况愈下"?

儿子四岁，也常讲一些小故事给他听。有一次讲了"画蛇添足"的成语故事，他听了以后，便问道："为什么不说'画蛇添脚'呢?"

成语里常常保留了古代汉语的词义，例如"走马看花"的"走"便是"跑"的意思；"何去何从"的"去"便是"离开"的意思。"画蛇添足"和"手足无措"的"足"，都保留了古代汉语的词义。

成语是语言词汇的一部分，它的结构比较固定，变动性比较小，不能随意改动。所以"画蛇添足"的"足"不能改为"脚"，"走马看花"的"走"不能改为"跑"。

但是，有少数成语也发生了变化，语文教师和语文学习者不可不知。如："揠苗助长"现在常说成"拔苗助长"；"每下愈况"现在常说成"每况愈下"；"夺胎换骨"现在常说成"脱胎换骨"。改变后的说法经常都比较浅近通俗。但是，在成语的结构未发生变化之前，我们只得遵守原来的说法，不得随意改动。

有些成语有两种说法，如"莫名其妙"的"名"，也作"明"；"异曲同工"也说成"同工异曲"；"孤苦伶仃"又说成"伶仃孤苦"；"伶仃"，也写作"零仃"。

应用成语时，必须注意成语的词义色彩。

"异曲同工"是褒义的，本来是指"不同的曲调演奏得同样好"，比喻"不同的人的辞章或者言论都同样精彩"，或者"不同的做法收到同样的效果"。绝对不能用来表示贬义。

曾经在报章上看到这样的句子："学生将 taking course 说成拿课程，这与将 take photo 讲为拿照片是异曲同工的。"这个句子的"异曲同工"

便是误用了。

如果要用"异曲同工"来表示贬义，至少必须加上引号。

六 "处心积虑"是贬义的

我们在说话或者写文章的时候，难免要用到成语。如果成语用得恰当，我们说的话、写的文章，就更加简练、更加生动，有更好的表达效果。如果应用不当，不但不能清楚地表达意思，有时反而使意思含糊。用错了成语，还可能引致不必要的误解。

现在的报章杂志等，在使用成语时，常有滥用的情况，以致错误百出。这里举几个误用的例子来谈谈。

例（1） 只是，有一点不能不处心积虑的，即娶所当娶，嫁所当嫁。

"处心积虑"是"费尽心思，存心很久"的意思，多用来指在不好的事情上挖空心思，绞尽脑汁。《现代汉语词典》说是"多含贬义"。例（1）的句子，作者所要表达的是"仔细考虑"的意思，应该用"深思熟虑"，而不是"处心积虑"。

例（2） 全世界所有的人类都认为自己民族的一套是天下第一。这一坚持，世界无法大同事小，两种不同文化背景的人碰在一起，也肯定目露凶光，你死我活。

"人类"是个统称，不可以再用上"所有"。"你死我活"是形容斗争非常激烈。这个成语经常用来修饰名词，如"进行一场你死我活的斗争"；也可以用来补充说明动作的程度或者结果，如"拼个你死我活"。它是不单独用的。

例（3） 然而，正如俗语所说，"若要人不知，除非己莫为"，"道高一尺，魔高一丈"，罪犯无论如何都躲不过周围群众和侦察人员敏锐的眼睛，总是弄巧反拙，露出马脚，落入法网，受到应有的惩罚。

"道高一尺，魔高一丈"是比喻反面的力量超过正面的力量。原句子所要表达的意思刚好和成语的意思相反。

例（4） 英校多数根据学生的第一语文和数理科的成绩分班，所以，一班里头，学生的华文程度经常是良莠不齐。

"良莠"的"莠"是"比喻品质坏的人"。"良莠不齐",便是指好人坏人混杂在一起。这里是程度"参差不齐"。

例（5）   玩具展览会里展出了许多美轮美奂的玩具建筑物。

"美轮美奂"是形容高大、雄伟、堂皇的建筑物。句子用来形容玩具建筑物,是不适当的。

上面的错误,都是由写作者对成语的意思了解不透导致的。只要我们对成语的意义和用法,多加深究,这种错误就可以避免。

另外,有的成语,在不同的华语区,褒贬的含义可能不同。如"所作所为",《现代汉语规范词典》说:"所做的事情:他的所作所为是有目共睹的。"这是中性的,没有褒或贬的含义。可是,我个人的感觉是"所作所为"是含贬义的。因此,当媒体说"警方的所作所为"时,我就理解为是对警方的抨击。

七   "不得了"与"了不得"

广播电台介绍某歌星时说:"她真是不得了,一口气灌录了十几首歌。"

这个句子的"不得了"用错了。"不得了"只有两个意思。（1）表示情况很严重,没法收拾:"不得了,着火了。"（2）表示程度很深,用在"得"的后边:"今天热得不得了。"

如果要表示"超出寻常,很突出"的意思,就只能用"了不得",不能用"不得了":"这个人了不得,只要他看过的东西都能记得。"

"了不得"可以作"没有/有"的宾语。"没有/有"后边常跟着"什么":"有什么了不得,丢了就丢了,不必大惊小怪。"

我国国人常把"有/没有什么了不得"说成"有/没有什么不得了"。这也是误用"不得了"。

"不得了"和"了不得"两个词,是"了"和"不"两个字调了位置。我国国人也常将"舍不得"说成"不舍得",将"不"调了位置:"相处久了,不舍得分离。""他买了一支新钢笔,可就不舍得用。"

普通话里只有"舍不得"的说法。下面句子的"不舍得"都应该换成"舍不得":"东西旧了,还不舍得丢。""他不舍得给你,你就不要勉强他了。"

八　"称呼"和"叫"

词汇的学习和应用，有着密切的关系。学习时没完全掌握词的意义，就容易导致词汇误用。我们举几个例子来说明。

例（1）　这些都是常见的蔬菜，过去我们都用方言来称呼它。

"称呼"和"叫"是同义词。但"称呼"只用于人，而且含有尊敬的意思："您怎么称呼？——我叫张三。"句子说的是"常见的蔬菜"，"称呼"必须改为"叫"。

例（2）　这只猫是祖母遗传给我的。

这是中学课文里的句子。"遗传"是"指生理上的特点由上一代传给下一代"。这个句子的"遗传"必须改为"遗留"或者"留"。

例（3）　战争摧残了许多房屋。

这也是课文里的句子。"摧残"是"使蒙受严重损害"，和"摧毁"的不同在于"摧残"的对象经常是有生命的，"摧毁"却不受此限制。这里破坏的是房屋，应该改用"摧毁"。

九　"来的"、"来去"和"去"

语文教师拿着一本书，问学生："你们看，这是什么来的？"这样的说法，经常听到。其实，这个句子里的"来的"，是多余的。

为什么国人说华语，经常在由"是"所组成的句子后边，加上不必要的"来的"呢？这是受了闽粤方言的影响。

句子后边的"来的"，有些是正确的。如"他从学校来"，如果要强调，可以在句子上加上"是……的"，说成"他是从学校来的"。"他昨天从英国回来"，也可以说成"他是昨天从英国回来的"。如果强调"从英国"，句子便可以说成"他昨天是从英国回来的"。这一类句子的"来的"是不能删去的。如果删去，句子就不完整了。

除了"来的"以外，还有一个"来去"，也是常见的，如："走，我们来去吃饭。""来去"表示将要做某事。这也是受了闽方言的影响。正确的表达是"我们吃饭去"，新加坡人更常说的是"我们去吃饭"。

我们也常听到这样的说法："你的球呢？——破去了"。应该说"破了"，却说成"破去了"；应该说"掉了"，却说成"掉去了"。这些都是受了方言的影响。

十 从"幼幼"谈起

广播电台"英语课程"里介绍"龙"时，节目主持人说："'龙'是传说中的一种动物。它的身体幼幼长长，好像蛇一样。"

"幼"是"年纪小，未成长"的意思，不能重叠为"幼幼"。"幼"没有"细小"的意思，他应该用"细细"。只有闽粤方言才能说"幼幼"。

我国国人用华语时，不自觉地把方言词用在华语里的还有以下几例。

例（1） 这条马路很阔。

方言里"阔"可以独用，表示"横的距离"。华语里的"阔"也表示"横的距离"，但不能独用："海阔天空""辽阔""开阔"等。

如果要以一个字表示"宽阔"的意思，就只能用"宽"。

例（2） 你几时有空？

"几时"在粤方言里常用。华语书面语也用："明月几时有？"但口语里只能用"什么时候"。

例（3） "面"和"脸"的分别

"面目全非""见面"等词语里的"面"都指"脸"。但方言里没有"脸"这个词，只有"面"。因此新加坡华语里出现了"面盆"（脸盆）、"面纸"（纸巾）、"面巾"（毛巾）、"没面见人"（没脸见人）等词语。中国的学人也用"面色"："面色，要考虑是否温和。"（李泽厚《论语今读》）现代汉语应该用"脸色"。

例（4） "懂"和"知道"的分别

方言里"懂"有"知道"的意思。华语里回答"我们什么时候开会""他上哪儿去了"，否定的答案都用"不懂"，而少用"不知道"。其实，这是"知道不知道"的事。

十一 "应否延长退休年龄为65"

"应否延长退休年龄为65"，这个句子有两个语病。

第一，错用了"为"。"退休年龄为65"，书面语是可以这样用的。这个"为"相当于口语的"是"。但"退休年龄为65"，不可以用在"延长"的后边。要表示从某一个时点延长到另一个时点，只能用"到"。"延长到"可以说，"延长为"不可以说。在"延长到65"之前加上"应否"，句子就成为"应否延长到65"。

第二，"退休年龄"摆错了位置。"延长到65"的"延长"后边，不可以带上"延长"的对象。我们说"会议延长三天"，却不可以说"延长会议三天"。"退休年龄"既然不能摆在"延长"后边，就只能摆在句子的前边，说成"退休年龄应否延长到65"。

如果要摆在"延长"前头，就得用"把"，说成"应否把退休年龄延长到65"。

"退休年龄应否延长到65"和"应否把退休年龄延长到65"，在语义上，前一句比较能突出"退休年龄"，所以作为话题比较合适。

"应否延长退休年龄为65"，是新加坡电视广播公司大众话题的一个题目。我们希望大众传媒机构在用华文时，加倍小心。

语言选择与
华文教学

国际发展的新形势下谈
新加坡的华文教学[*]

一　回顾：双语教育政策对我国的贡献

1999 年，我给吴元华博士的著作《务实的决策——人民行动党与政府的华文政策研究》^① 写的序文里，做了这样的评论："我国的双语教育政策，不只解决了母语的政治问题，解决了我国成长时代就业不平等的社会问题，也将不同的、两极化的华英校学生，拉近了距离，而且在建国过程中，为母语提供了一个浮台，让母语保留了下来，更加普及化，并对我国的发展做出了贡献。虽然，我们母语的程度稍为降低了，但这样的牺牲也是无可奈何的事。"

这五六十年来，华文作为第二语文，我们为无数的年轻新加坡人奠下了一定的华文基础，以备将来需要时，他们能在这个基础上继续往前发展。李光耀先生生前总结说："无论如何，我们成功地维持了一个说华语的环境，虽然水平较低些。此外，我们还有素质良好的平面和电子华文媒体；在一小批热心者的支持下，中华艺术、音乐和书法活动也朝气蓬勃。……假如新加坡原本就没有讲华语的环境，50 年代开始推行的双语政策就不可能取得成功。那个时候已经存在了一个讲英语和一个讲华语的环境。万一我们失去这个讲华语的环境，就算并非不可能也将很难再造这样的环境。"

---

　　*　本文为 2018 年 9 月 12 日新加坡华文教研中心十周年纪念会暨国际研讨会主讲论文。

　　①　吴元华：《务实的决策——人民行动党与政府的华文政策研究》，联邦出版社，1998。

这些论述，都指出了双语政策的成就。但是对那些有华语语言天赋，并且准备投身和华文有关的事业的，我们是否提供了足够的条件，让他们发展，鼓励他们发展，使华语成为他们的第一语言？这方面，仍旧是我们所面对的、需要解决的难题。

二　展望将来

我国是一个多种族、多语言的国际化城市，同时也是一个小国家。语言和种族问题，是我们应该小心处理的问题。国际化的小国家，意味着人才的吸引和培养，随时都得注意调整。在中国发展的大背景下，我们的华文和华文教学应如何应变？

中国现代汉语和新马等地的"华文"或"中文/国文"，差距相当明显，口语的差距更大。华语区之间，语言的和谐与沟通，是非常重要的。目前，尽管现代汉语从华语区输入的局面逐渐转变为向华语区输出，但促进语言和谐与沟通仍旧是我们的主要任务。在"大华语"的概念下，我们具有充分的条件做下面的事。

第一，在这个认识的基础上，考虑研究华语语言。除了编撰我们的华语教材之外，也应该考虑联系其他华语区，为他们编教材、读物，以及学习词典等。这些方面，我们能起更大的"龙头"作用。

第二，我发起编纂了《全球华语词典》《全球华语大词典》，进行了"全球华语语法研究"，都组织和调动了世界各地的学者参与，这个组织框架应继续保留下来，继续发挥作用。

我国的研究和教学机构，应该考虑怎样在这个基础上，联合其他华语区的研究与出版机构，共同为华语的推广发挥更大的作用。

第三，向华语区说好"新加坡的故事"。中国强调的汉语传播，一向以中国为中心。中国编写的汉语课本，无论课文的内容还是词语的用法，都是以"认识中国""说好中国故事"为核心。这从华文教学发展的角度看，显然是不全面的。我们具有多语言的应用环境，而且是国际化的城市。我们的教师充分了解语言学习的局限、学习的困难。这些了解，保证了我们双语政策的成功。这些认识，对华语区都是有价值的。我们除了关注自己国内的需要之外，也应该考虑认识其他华语区，为其他华语区提供语言学习课程，向华语区说好"新加坡的故事"。

第四，二三十年之后，华语区之间的相互了解、交往将随华语应用的扩大而更为频密。我们预测，华语文在国际上的应用空间将越来越大，新加坡人的华语文程度自然要随应用的需求而提高、而发展。我们就必须考虑用什么办法培养华文精英，提高目前华文精英的语言文化程度。李光耀资政生前曾指出："我们面对的问题是，大多数最杰出和最优秀的学生不选华文教学为职业。周清海教授是华语文教学的先驱，可惜很少人愿意步他的后尘。"我们必须更具体地了解国家的需要，拟出培养华文精英的具体可行的办法。

第五，对华文教师、中学华文第一语文课程学生的培养等，也需要从语文应用和文化了解的角度进行检讨。新加坡华文教研中心，除了教学法、教学研究之外，也应该在提高华文教师的语言能力方面，多提供一些课程。李光耀资政生前就指出"身为新加坡华语文的监护人，新一代的华语文教授和教师必须提升自己，在中华语文与文学方面达到很高的水平"。

我提出下面的建议，供大家讨论。

（1）教研中心前院长陈之权博士曾提及设立"语言学院"的事，他认为"语言学院"可以培养多语人才。语言人才世界各地都缺乏，各个行业都需要，而新加坡具备培育多语人才（如精通华英双语，兼通第三种语言）的社会环境和教育体制。这个提议值得深入探讨。

（2）华文教研中心应该和国大中文系、南大中文系、国立教育学院中文系建立更密切的合作关系。通过集体讨论，取得共识，并向教育部提出具体的建议，相信对我国高端华语人才的培养，会有更大的好处。

关心与我国华文教学相关的社会团体和企业，包括宗乡商业团体、华语推广委员会、华文报集团、通商中国等，应该更积极地参与，更有计划地合作。

当然，如果能在国家的层面，成立委员会，提出可行的建议或者报告书，将能取得更大的推进效果。

（3）有人认为，现在的"讲华语的环境"已经大不如当年的"讲华语的环境"。如何才能力挽狂澜，需加讨论。因此，对我国华人的语言应用情况、语言认同等问题，应该加以观察和研究。1996年，南大中华语言文化中心曾进行过研究，但之后未见新的研究成果。

（4）我们也应该考虑和各华语区的华文研究与教学机构合作，加强和东南亚华语人才的交流与引进，探讨为华语区华文教学人员提供专业培训和专业认证的可能性。这是未来的大趋势。

（5）我国过去的精英分子，将子女送进英校，成为各种专业人才，负担国家建设的重要任务，而不一定需要华文。这种局面，将随着华文应用价值的提高而改变，将来的精英就更需要双语了。英语将仍旧是国际语言，也是我们国内不可或缺的语言。但我们可以预测，二三十年之后，华文将不只是不可或缺，而且对某些国人、某些行业而言，可能必须有第一语文的水准。这种可能的变化，需要让家长们认识。我们的中英文媒体也需要向大众传达这些信息。

我的预测是，将来我们也有可能让某些学校成为华文第一语文、英文第二语文的学校。对这种可能的转变，我们应该有充分的认识。

让我以《联合早报》前总编辑林任君先生给驻北京记者韩咏红的《中国你好》一书写的一段序文，作为本文的结束：

　　像咏红这样土生土长的年轻一代新加坡人，能有这样的见识、素质、火候、深度，对中文又掌握到如此挥洒自如，以致在面对并身处已然崛起成为巨人的文化母国时，充满自信，巍然不动，安详自若地体现新加坡的价值，确实难能可贵，让人引以为傲。

　　但咏红这一代过后呢？新加坡的体制和环境能够继续培养出这样的人吗？我们当然不能够奢望"前仆后继"，但也总不能后继无人吧？不要忘了，《联合早报》是"新加坡的国家事业，全国上下必须尽力推广它"——建国总理李光耀说的。

新加坡的人口与语言[*]

新加坡的华人占总人口的 74%。在新加坡，马来语是国语，英语是行政语言，官方语言有马来语、华语和淡米尔语（泰米尔语）。虽然过去曾有语言对立问题，但新加坡实现了种族的和谐、语言的和谐、宗教的和谐。

新加坡是一个移民社会，并没有自己主要的方言。考虑到每个人的语言能力有限，我们选择了保留华语跟英语，在很早的时候就让方言退出教育的舞台。方言是带有情感的语言，但是这种感情会慢慢消失。比如说我是福建人，但不会和孩子说福建话，而是选择用华语和英语沟通。当中就涉及个人为下一代所做出的选择。早期的新加坡，方言是生活的语言，现在的共通语却是英语。所以为了让年轻一代学好华文，我们必须对华文程度做出相应的调整。我们的华文教育口号，便是不能失"底"，但也不会封"顶"。

一　新加坡的华语

（一）华人大迁移与华语

1949 年前曾出现过一次向中印半岛的华人迁移。这些迁移出去的华人，多是高级知识分子，他们带出去的语言就是所谓的"老国语"。他们给华语区带去的"国语"和"国文"，发展形成了当地的华语、华文。

中华人民共和国成立时现代汉语和华语还有明显差距，中国改革开放后二者开始融合。开始时是中国港台、新马的语言冲击中国大陆，很

　　＊　本文为 2018 年 12 月 7 日在商务印书馆所做国家语委国际高端专家交流项目主题演讲（商务名家大讲堂第四讲）。

多词语从这些"国语区、华语区"流回大陆。这个是"国语"回流、华语大融合的时代。发展到现在，倒过来了。中国经济的发展、国势的强盛、传媒的发达等使输入变成了输出。将来会怎么样？我说中国朋友不用担心，用说这个语言最多的人决定这个语言的发展。我们现在的任务就是引导语言顺利地融合、慢慢地融合。

（二）新加坡双语政策

李光耀先生说过，我们是东南亚多语言多种族的社会，不可能以华语为工作语言，只能是英语。当英语成为行政语言、成为教学媒介的时候，华语必须做牺牲。我们能做的就是给大部分华族学生奠下坚实的华文基础，以便将来需要时他们能在这个基础上往前发展。

如果你纯粹站在华人的立场，你会觉得双语政策使得华语的话语权降低了；可是从另外一方面来看，种族和谐了。我们的双语政策不仅解决了华人的母语的政治问题，母语保留了下来，而且更加普及化了；另外也解决了我国成长时代就业不平等的问题。在中国发展的大前提下，现在年轻的新加坡人也多了一个发展空间，这是我们以前给他奠下的基础，这是双语教育对新加坡的贡献。

（三）语言标准

新加坡华语的规范应该向普通话倾斜。这个要谢谢陆俭明先生的研究，感谢李宇明先生主编的《全球华语词典》《全球华语大词典》等，以及邢福义先生主持的"全球华语语法"研究。他们的目的就是解决全球华语沟通中出现的问题。

陆俭明、李宇明等先生提出了"大华语"的概念。这个观念我感到非常欣慰。"大华语"概念有助于增强华人的凝聚力和认同感。我们说的华语是大华语的新马版，你们（指中国大陆的朋友）说的普通话是大华语的大陆版。这些都是大华语。不要认为人家的不标准就不是现代汉语，不要抱这样的观念。这有助于推进世界范围的汉语教学。

（四）语言资源与语文教育

第一，我们要注重调动和整合华语区的语言资源，让有条件的华语区参与华语文研究与推广的工作。

第二，注意华语文的口语化、大众化，而不是文言化。

第三，让语言文化的学习在地化（本地化），让教学人员在地化，让语言企业在地化。

第四，注意多地合作，优势互补，培养有国际观且了解华语区的语文和语文教育的人才，为培养未来的企业家奠下人脉基础。

第五，思考华语区第二语言水准的华语文与第一语言水准相衔接、第二语言水准的华文和专业华文相衔接的问题。

第六，区域语文、专业华语和语文教材，在选材与教学中要向共同核心倾斜。

二　新加坡的华人

整个华人社区，包括中国大陆、中国台湾、中国香港、中国澳门，以及海外华人，我们有共同的文化核心。要通过华语文的学习，增进彼此的了解，建立人脉关系，以弥补乡情的消失。

新加坡是双语并用的社会环境，是独特的。在语言与文化学习的企业化方面，新加坡可以发挥大作用。我们希望新加坡将来能成为语言和文化交流的"软件"基地。

随着华语全球化的发展，华文的教学与研究需要放眼世界，借用整个大华语区的力量来进行。我的希望是新加坡能够发展成为一个华文教育的中心。我们需要思考如何发挥新加坡在海外华文教学方面的作用，以我们良好的华文学习环境与精通英语的能力，吸引世界各地的人士来新加坡学习华文、华语。新加坡提供的双语交流的社会环境，是独特的。因此我经常强调，我们必须说好新加坡的故事。

三　提问互动

问：您提到了新加坡华语要向普通话倾斜，那么新加坡是否有对华语的规范？

答：八个字："教学从严，评鉴从宽。"从事语言教学、辞书编纂等的人有义务引导华语向规范靠拢，但是又不强行规定。这个观念，我们必须贯彻到语言教学、辞书编纂等工作中。

问：您提到了一些新加坡的华语特色词语，比如说"内人、爱人、德士（出租车）"，这样的华语特色词语在新加坡华语里占多少？

　　答：刚才我用"内人"，我知道你们用"爱人"。"爱人"，在我们看来是还没有结婚的，中国成了夫妇关系了是"爱人"。我习惯用"内人"，"内人"不是新加坡的，是"国语"词。跟中国来往多了以后，新加坡人慢慢受普通话的影响，所以我没有具体地去考虑过比例问题。另如，以前我说"特别可爱、特别好"，今天大家都说"特可爱、特好"，那就用"特可爱、特好"吧！

四　专家点评

　　陆俭明（北京大学教授）：周清海教授是我们非常崇敬的一位教授。倒不是因为他是李光耀先生的老师，我们主要崇敬他一生扑在华文教学上。他是新加坡的第一位华语教授。从周教授的讲座里可以看出，语言是一个重要的资源，对一个国家、对一个民族非常重要。我们既要有根，又要放眼看世界。汉语要走向世界，主要渠道是汉语教学、华文教学。我们既要有普通话的要求，又要有弹性。我听了周教授的讲座很受启发，也促使我进一步考虑、研究这些问题，从而使我们汉语真正稳步健康地走向世界，为构建人类命运共同体做出我们的贡献。

英语可能成为新加坡人的母语吗？ [*]

作者按：吴俊刚发表在《联合早报》上的文章《双语教育出现拐点？》提出了一些发人深思的问题。其中一个主要的问题是"能不能承认英语是母语之一"。

20多年前，我就对新加坡双语教育的发展做了全面的观察。1990年4月29日和刘惠霞、卢绍昌、欧进福等人出席海南会馆主办的"双语教育面面观"座谈会时，做了下面的发言。这篇没有公开发表的发言稿，代表了我对新加坡双语教育的看法。

这篇20多年前的发言稿，没有谈及教学法的问题，因为我认为，新加坡双语教育所涉及的各种问题，不是只靠教学法就能解决的。过分地夸大教学法的作用，尤其是单一的教学法的作用，对新加坡华文教学的发展是不利的。发言稿谈及英语认同的问题，结论的部分更涉及华文价值的改变，这些，都是值得我国语言教育工作者、语言研究者以及语言规划者，继续观察讨论的。

大多数新加坡人接受双语教育，语文问题不再是我国的社会问题。从这个角度来看，我们的双语政策是成功的。但是，就像在讨论处理国家意识与保留各族文化传统问题一样，我们得注意如何才能维持两种语文的和谐、平衡。过度的或不必要的偏激，都是不好的。

无论是在殖民地时期，还是在我们当家作主的这20多年里，英语一直是我们社会的"顶层语言"。英语"顶层语言"的地位并没有改变，而我国人民对它的态度却有了很大的变化。殖民地时期，英语是外来统治

* 本文原载《联合早报·文化视角》2013年8月23日。

者的语言，它不是我们的语言，更不是我们的母语。新加坡建国之后，我们成功地让新加坡人接受英语作为各族交流的共同语言、行政上的语言、使国家现代化的语言。我们强调英语的学习重在实用，母语的学习重在文化的传递。

因为英语是"顶层语言"，这几年来，更成为学校的教学媒介语，再加上人们对英语态度的转变，我们就面临一种忧虑：英语会不会逐渐被新加坡人认为是自己的母语？我们在讨论新加坡人的西化问题，其实，从语言的角度来看，西化问题的具体表现就在对语言的认同上面。

在学校教育里，英语是教学媒介语，英语学习的失败，也意味着其他科目学习的失败。教育当局与家长重视英语的教学，是无可厚非的。但是，我们不应该给人留下这样的印象：提高英语程度而降低母语程度是我们双语教育的趋势。今天的学生，只能用英语来讨论数理科学、英国文学、史地和经济等，这是可以理解的，因为英语是这些科目的教学媒介语。但是，如果学生不能用母语来进行日常社交和文化讨论，就是我们应该担忧的。

母语能力的过度低落，就会助长对英语的语言认同。如果到了我们年轻的一代，都认为英语是他们的母语时，那就是我们双语教育的失败。

从语文教育的观点来看，要让我们的学生有适当的母语程度，能利用母语来进行社交和文化的交谈，我们就不能让母语变成单一的教学科目。同时，我们也不应该让学生留下一个错误的印象，以为母语是无关紧要的科目。

再从语言应用方面来看。我们年轻的一代，因为华语词汇量不足，在应用华语时，力不从心，常常出现夹杂英语的现象。一些受过良好教育的双语人士，逐渐放弃华语，在大多数场合选用英语。连问路这样的语言行为，如果对方是20岁左右，问路者也选用英语。

这是语言的应用趋势。如果我们没有办法做到让华人对华语和它所代表的文化具有认同感，觉得学华语、讲华语是天公地道的，觉得掌握双语是光荣的，那么，年轻人出现语言认同转移的可能性是存在的。过去受华文教育者将对方言的认同感转移到华语上面来，他们不觉得放弃方言是可惜的。如果我们的年轻一代对语言的认同感转移了，他们也会认为放弃华语是不可惜的。

我要强调的是，当我们谈及语文程度、语文学习负担时，我们也应该了解在双语的环境里，适当的母语程度是保持语文认同感所不可或缺的。

华语是我国华人社会的高层语言，同时也是一些华人社区的"顶层语言"。华语在经济上、科技上的实用价值，是可能改变的。这些改变，将使华语在我国更具有实用价值，也可能改变它的非教学媒介语的地位。我国的双语政策，要为我国国民提供应付这个改变的能力。只要我们能随时注意调整执行双语教育政策时所出现的偏差，我们就有能力应付未来的变化。

吴元华著《务实的决策——人民行动党与政府的华文政策研究》*序

　　元华是报人，又是学者。他以报人具有的敏感和学者的认真研究精神来从事这一课题的探讨，一开始我就知道他的研究必将有成；因此我不只答应担任他论文的指导，而且在中华语言文化中心成立之后，还将他的课题，列入中华语言文化中心的研究计划。

　　元华从新加坡当时所面对的严峻的内外现实环境，来探讨人民行动党与政府制定华文政策的原因，以及这个政策的相关影响，态度非常客观与中肯。论文收集材料丰富，分析，获得校内外考委的高度评价。

　　忝为论文指导者，我为他在这方面的贡献，感到高兴。论文通过之后，我也建议将它出版，作为《南洋理工大学中华语言文化中心丛书》选题之一。

　　我国的双语教育政策，不只解决了母语的政治问题，解决了我国成长时代就业不平等的社会问题，也将不同的、两极化的华英校学生，拉近了距离，而且在建国过程中，为母语提供了一个浮台，让母语保留了下来，更加普及化，并对我国的发展做出了贡献。虽然，我们母语的程度稍为降低了，但这样的牺牲也是无可奈何的事。

　　李光耀内阁资政非常关心母语教育，认为只要我们能将母语保留在适当的程度上，将来有机会发展时，就能够在这个基础上往前发展，今天我们能够面对新的挑战，就是这个政策的贡献。

---

* 吴元华：《务实的决策——人民行动党与政府的华文政策研究》，联邦出版社，1999（当代世界出版社，2008）。

在评价一项政策时，必须客观，不能感情用事。以华文来从事研究，而又愿意涉及被一般人认为敏感的课题，更需要勇气与信心。在元华的论文里，充分表现了这些。希望元华论文的出版，能带动对新加坡近期问题的研究。

1998 年 12 月 11 日

吴元华著《华语文在新加坡的现状与前景》[*]序

　　如果你想了解新加坡政府的华语文政策，以及新加坡华语文和华语文教育所面对的种种问题，就不能不读吴元华教授的著作。

　　吴教授的《华语文在新加坡的现状与前景》是继《务实的决策：人民行动党与政府的华文政策研究》之后的一本论文集。这本论文集讨论了华文的政治价值、培养华文精英的挑战、华文的前景的推测等重要课题。所有的议论既客观又具有深度，处处显示了吴教授作为报人对政治课题的敏感，以及作为学人的诚恳、客观与中立。他说：

> 　　无可否认的，这个语文政策形成了一个重视英文的教育环境，直接导致家长纷纷把孩子送进英校（虽然政府说那是"家长的自由选择"，但是现实的家长当然都不愿意自己的孩子接受没有前途的教育），使各民族的传统母语教育趋向式微。可是，鉴于行动党政府的教育政策是为政治与经济计划目标服务的，是为配合新加坡长期的国际竞争力和国家的生存与繁荣而制定的，因此国内政治的"华文因素"，远远不如区域政治因素与建国大计对新加坡的生存与长期发展更加重要。这也充分反映了政府超越个别民族利益的务实施政方针与前瞻性的治国之道。所以，华文始终不能成为主要的工作语文，实是客观环境不允许。

> 　　这是研究行动党及其政府的华文政策所必须透彻了解的基本前提。若单纯从一般的语言学理论和教育学原理来理解行动党及其政

---

　　*　吴元华：《华语文在新加坡的现状与前景》，创意圈出版社，2004。

府的语文与教育政策——尤其是它的华文政策，那将是不着边际的尝试。

这个结论是非常精辟的，与一般情绪性的言论或学术的空泛理论完全不同。

对于培养华文精英，吴教授又说：

> 当局如何利用华文精英的才能，并使他们受到应有的重视和奖励，对日后学生成为华文精英的意愿将有直接的影响。

> 此外，如何创造一个适合华语文发展的社会环境，是不容忽视的问题。

"重视与奖励"和"创造一个适合华语文发展的社会环境"，都是非常深入、客观而且中肯的立论，在今天面对中国崛起而重新检讨新加坡的华文教学问题时，都是非常值得我们参考的。

我一直强调，语言是在应用中发展和变化的。当华语在国际上有更大的应用空间时，新加坡人的华语文程度自然会随应用的需要而提高、而发展。过去的精英分子将儿女送进英校受教育，成为各种专业人才，承担国家的重要任务，而不一定需要华语。这种局面，可能随华语应用价值的提高而改变。将来的精英就可能需要华语了。在国内，英语将仍然是我们多元种族社会的共同工作语言，但当华语成为不可或缺的语言时，就可能出现以华语为第一语文，而以英语为第二语文的学校。我们必须为这个可能出现的局面做好心理准备。

吴教授在这些方面给了我们足够的提示。

除了论文之外，这本书也收录了一些人物访谈资料。这些访谈资料对研究新加坡的语文教育也是很有意义的。

家庭背景和人物性格，常常是主导人物行为的主要因素。一个善于为自己打算的人，无论是家庭培养的，还是性格如此，在面对任何事情时，都会先从私利和运作的角度去考虑和布局。观察周围的事物或从事历史研究，对这一点不可不明察。

吴教授无论为学与做人，都踏实而真诚。他待人以至诚，说的也都有根据。有时虽然难免有些真情的激动，但都是令人赞赏的。和一些要权谋、言行不一的所谓学者，有着天壤之别。相信读者在他的文章里也能感受到这些。

　　谨以此为序。

《新加坡学生日常华文用词频率词典》序[*]

2008 年 6 月 10 日，李光耀资政给我电邮，提及"新加坡华文教研中心"。他说："华文教研中心将为新加坡在职的华文教师提供华文教学进修课程，研究新的教学专业理论与技能，并以此吸收区域和世界以英语为第一语言的人来学习新的华文教学法。"

这个电邮具体地说明了教研中心的两个主要任务：提供进修课程以及对和华文教学有关的课题进行研究。中心自 2009 年成立以来，就紧紧地把握住了这两个任务。

我在 2011 年 9 月 28 日也曾书面向李资政提出华文师资与语文研究的问题：

> 过去的华文师资具有比较好的华文文化和语言基础，当中有不少华文作家、学者。这些华文教师是在 50% 到 60% 的全国学生的基础上产生的。无论智慧、语言、文化修养，都相当高，但大部分英文很差。现在的华文师资普遍具有双语能力，但华语的语言文化能力却有待提高……

研究方面，我建议成立双语研究中心，长期观察、研究今后新加坡的双语教育走向、人民语言态度的转变、语言教学方法以及语言的比较等。过去几次的华文教学检讨委员会曾经面对研究资料缺乏的问题而需要委托私人调查研究机构临时进行调查研究，这样的局面就可以避免。

---

[*] 《新加坡学生日常华文用词频率词典》，新加坡华文教研中心编，2014。本篇序言曾发表于《联合早报·言论》2013 年 9 月 23 日。

我关心新加坡的华文和华文教学，以及华文教学研究，因此对华文教研中心的情况和发展，也密切注意。这三年来，中心通过提供课程和进行研究，把新加坡国内的优秀华文教师和人才集中到中心来，把国外的研究人员和专家，请到中心来……

没有人是做不了事的；所有的事，也不是一个人就能完成的。华文教研中心在提供课程、研究以及延揽人才方面，是做了不少事的。我看着教研中心逐渐发展成为集中华文研究与提供华文课程的特出中心。

除了课程和研究，中心也在出版方面努力。这套《新加坡学生日常华文用语调查系列》，就是非常有意义的出版物。这是可喜的进展。

《新加坡学生日常华文用语调查系列》的第一本是《新加坡学生日常华文用词频率词典》。这本词典收入"新加坡学生日常华文书面语语料库"中90%的高频词，并按降频排序。这是教研中心华文基础性研究的一部分。这个词典，对新加坡的华文教学，必将起积极的作用。随着这本词典的出版，新加坡华文教学界有了自己可参考的词表。

我们应该好好利用这个词表，在参考词表的基础上，编写教材，编写与建立华文测试的题库，编写适合学生用的语文学习词典，或者语文学习双语词典。

华文学习里，语素义（通俗地说是字义）和词汇的关系问题经常被忽略。比如"书"，在华文教学里，只注意字形的教学，而忽略"书"的语素意义，以为"书"就是"书籍、书本"。其实，"书"有如下语素义：

（1）装订成册的著作：一本书、书籍

（2）写：书写、书法、大书特书

（3）信：家书、书信、书如其人

（4）字体：楷书、隶书、草书

（5）文件：说明书、保证书

学生在哪个年级该学哪几个语素义、哪几个词，阅读的教材该包括哪些语素义，学生用的词典该收哪几个以"书"构成的语词，等等，都是过去华文教学所忽略的问题。希望教研中心能加强这方面的研究。

　　新加坡的语文环境，让学生入学前就有机会接触华文、听说华语，因此，在新加坡学校里学习华文，永远也不是、永远也不会变成外语。我们的学生，口语里有多少习得的词汇，是我们应该了解的。听说、阅读教学如果能建立在学生口语的基础之上，教学效果一定大大提高。我期望教研中心也能进行学生口语的研究。

　　本着关心教研中心、关心新加坡的华文教学与研究的精神，我希望大家支持这本词典，好好利用这本词典。

语言认同和民族的边缘化[*]

　　语言，对个人、对国家，都是一种资源。在全球化的时代，掌握多种语言资源，是个人或国家的重要前提。这是大家都能理解的。但处理语言问题、处理语言教育问题，就不是那么简单，这关涉民族和谐、民族认同、国家战略等更高层面的问题。

　　改革开放之后，汉语进入大融合的时期。和谐融合关系到民族语言的健康发展，也关系到华人之间的相互尊重。尊重华语之间存在的差异，并不意味着华语会发展成为多种语言变体。在交流之中，最多人用的语言，必然占有优势，能起主导作用。就是看到这一点，在华语应用和教学上，我们提倡向普通话倾斜，让下一代能集中精力，学好华语。

　　母语和母语教育问题，和国家民族的认同密切相关。现代汉语是中国国家认同的语言，是每个中国公民一定要掌握的语言，也是华族认同的语言。

　　对于海外华人，汉语只是华族认同的语言，常常不是所居地国家的高层语言。华人生活在不同的地区、不同的国家里，除了自己的民族母语之外，如果不能掌握该地区或者该国家的主要语言，自己或者整个族群都将被边缘化。

　　东南亚华人就面临这样的难题。如果期望维持与掌握自己民族认同的语言，并且语言能力要达到中国的水准，同时又要掌握该地区或者国家的高层语言，达到能与当地民族竞争的水准，则是非常困难的。因此，华人的语言和语言教育就面临对第一语言和第二语言的选择问题。只有

---

　　*　本文原载《语言战略研究·卷首语》2017 年 3 月。

少数人能掌握两种第一语言，能掌握三种第一语言的，更是微乎其微了。

过去，东南亚的华人子弟只掌握华语，没掌握好当地的高层语言，就到中国台湾地区升学，之后就留在那里，只有小部分回到原居地。在语言教育里把民族认同的语言保留在高水准，而造成下一代的人口大迁移，是不适当的。现在的华人子弟是到中国升学，之后是回到原居地还是留在中国发展，是年轻下一代面对的抉择。只有具备双语能力，才能让年轻的华人子弟有更多的选择。掌握原居地的高层语言和国际语言（如英语），是应对全球化的必要条件。这三种语言，应该如何抉择，如何处理，是华人面临的语言和语言教育的现实问题。

改进语言学习的方法，调整语言课程的设计，建立适合学习者能力的不同语言课程，或者根据地区和专业的需要，分配人才，学习面向不同领域的语言教育课程，等等，都应该提到日程上来。把华文水准比得上中国大陆及港台当作华语区语言学习的唯一目的、当作办校的唯一宗旨，是不现实的。

在华人语言认同的基础上，注意当地高层语言的学习、英语的学习，以避免可能出现的下一代的人口大迁移，是今后海外华人语言教育应该认真考虑的问题。中国的稳健发展，除了推动华语的国际化之外，中国企业在海外的发展，也能带动华人对当地语言学习的重视。

此外，中国也应该协助海外华文工作者，看清楚自己区域所面对的语言问题，不能只注意资助办校，更应该在整个课程的设计上，建立更合理的语言课程。同时，也应该考虑通过华文的学习，协助各华语区的年轻人重新建立彼此之间的人际关系，培养有国际观的年轻下一代。

人才是资源，具有民族语言认同的人才，对华语区、对中国都是资源。华语区华语的学习与推广，是汉语国际推广的核心。避免华校因语言学习处理不当而造成年轻华人子弟被边缘化，或者造成年轻华人人口的大迁移，这个问题应该提到日程上来。

香港华文教学将逐渐用华语[*]

1997 年 7 月 1 日香港主权回归以后，香港的华文教学用语，从广东话逐渐变为华语是不可避免的趋势。

香港是一个非常特殊的地区。主权的转移，使香港人既是"港人"，同时也是"中国人"。这种现实的处境，不可避免地将逐渐影响香港的教育。香港在殖民地时代的教育政策，也将不可避免地必须根据社会需要，加以调整。

香港强调广东话，有显示香港人和中国国内地人不同的作用。就像中国台湾普遍使用闽南语（台语），为的也是要使台湾本省人和岛内的外省人，以及中国大陆人有差别。在殖民地时期和对中国封锁的时期，强调这种分别，有它的特殊作用。但是，这种作用，在主权回归以后，在香港将逐渐消失。

以广东话来分别中国香港人和中国内地人的需要，既然不再存在，而作为华人之间，相互沟通和认同的华语，在未来，必然在香港得到充分的发展。现在香港高级公务员和商业人士学习普通话，学校教育里设立普通话课程，私立语言学校开设普通话，只是表示这种转变的开始。从这个观点来看，香港的华文教学用语，逐渐变为华语，似乎是不可避免的事。

英语教学，对于香港这个国际城市，将继续占有重要的地位。但为了保持香港的竞争能力，掌握中英双语就成为港人不可或缺的条件。

从前，香港为了适应特殊的社会需要，教育制度实行"二文三语"

---

* 本文为 1997 年 6 月 19 日香港回归倒数 121 天《联合晚报》专访。

（华文、英文；广东话、英语、华语）。7月1日以后，这个制度将继续保持。不过，目前以广东话作为教学媒介语的现状，将逐渐被华语所替代，最终"二文二语"将更有发展空间。

香港人一百多年的广东话教学，一下子要改变，并不是一件容易接受的事，在过渡时期，如何妥当地处理广东话和普通话的关系，就要看特区政府的智慧了。

何国祥主编《用普通话教中文的问与答》*序

　　很高兴看到香港教育学院中文系"用普通话教中文研究计划"顺利完成，研究小组的成员更将研究成果用贴近老师的语言，编写成《用普通话教中文的问与答》一书，供有意用普通话教中文的老师、校长以及关心这个课题的其他香港人士参考。研究小组的成员，敢于将学术研究成果直接和实际情况联系起来，向有关人士提供客观、不偏不倚的解答的做法，非常值得我们肯定与赞赏。香港朋友充满信心、脚踏实地处理问题，在一问一答之间，表露无遗。这也说明香港朋友在取得共识之后，重新出发的决心与动力是不可低估的。现在香港朋友的应变能力与应变勇气，决定了下一代的港人有条件与人争一日之长短。

　　中国香港、中国内地以及其他华人地区，共同拥有成熟的、比较一致的书面语，这是我们的财富。这个共同的书面语，为各地区之间的交流所提供的便利，在资讯时代里，将更大、更多。口语方面，由于社会历史的特殊性，过去曾人为地要让香港人独成一格，遂出现了粤语一枝独秀，占据所有交际场合的局面。现在，这种局面已经开始改变了，港人必须重新审视、重新为自己定位。这个重新定位的要求，让一部分港人觉得不十分舒服，是可以理解的。

　　我曾经说过，语言问题是最能动人感情的，但处理语言问题需要更多的理智，是最不能动感情的。根据书面的记载，中国最早推行语言计划的，恐怕是秦始皇了。秦始皇以秦本土的文字为基础，统一了中国的

---

　　*　何国祥主编《用普通话教中文的问与答》，香港教育学院中文系，2002。

文字。依照《说文解字·后叙》的说法，当时的情况是：

> ……言语异声，文字异形。秦始皇帝初兼天下，丞相李斯乃奏同之，罢其不与秦文合者。……皆取史籀大篆或颇省改，所谓小篆者也。

但其他六国的子民，有人冒着生命的危险将六国文字写的书偷偷地藏起来。可见六国子民对自己文字的感情是多么强烈。秦始皇的语言规划，推行时，对其他六国的子民来说，适应起来是痛苦的，但从今天看来，这个语言规划对中国的统一、中华民族的统一，起到的作用是巨大的。[①]

语言政策的决定，考虑的不纯粹是语言因素。语言政策的决定，政治上和经济上的考虑远远超过语言上的考虑。用普通话教中文的决定，属于语言政策的范围，许多涉及这方面的问题，在这本小册子里都提供了看法，希望香港的老师、校长和其他关心香港教育的人士，能从中得益。

2002 年 9 月 19 日于新加坡

---

① 见《多语环境里语言规划所思考的重点与面对的难题——兼谈香港可以借鉴些什么》，《全球化环境下的华语文与华语文教学》，新加坡青年书局，2007，第 105~114 页。

何国祥等著《香港普通话科教学：
理论与实践》[*]序

　　香港语文教育强调的"二文三语"，构成了香港独特的语文教学现象。英语是过去和现在香港社会的顶层语言，它的口语和书面语相当一致，说和写的学习能够互相支持。中文也是香港的顶层语言。尤其是在政权移交之后，中文的地位越来越重要。但是，中文的书写和香港人的广东方言口语，距离非常大，书面语的学习不但得不到口语的支持，反而常常受到口语的干扰。就是在这种干扰的情况下，出现了香港特殊的书面语。长久以来，香港人就是说着广东方言，写着香港特殊的书面语。这是香港的语文特色。

　　过去，普通话作为一个科目，在完全没有口语听说环境的支持下，教学的难度非常大。再加上香港人一般都不觉得学习普通话是必要的，因此，教学成效也不高。

　　1997 年，香港成为一国两制下的特区之后，和中国内地腹地的政经关系越来越密切，普通话的学习便被提到日程上来了，香港人学习普通话的热忱也越来越高。但普通话的学习，仍旧缺乏社会基础（虽然社会上用普通话的情况改变了许多）。普通话依旧只是口语的学习，和书面语（中文科）的教学，仍然脱离关系。而且，香港人也不希望普通话取代"三语"中粤语的教学用语地位。因此，就是将普通话作为书面语（中文科）的教学语言，也不是大家都接受的，困难仍旧很大。

　　如果把新加坡和中国香港做个比较，新加坡的华语、口语和书面语

---

　　* 何国祥等：《香港普通话科教学：理论与实践》，香港三联书店，2005。

一致，互相支持，又没有方言的干扰。华语不只有媒体的支持，更具广泛的社会交际功能；但我们的学生仍旧面对学习的困难，华语教学问题一直纠缠着我们。中国香港完全没有新加坡的条件，除了中英"二文"之外，还要"三语"，所面对的困难当然就大多了。因此，我常有一种强烈的感觉：在"二文三语"的前提下，从事普通话教学，几乎是在做"知其不可而为之"的工作，我对在香港从事普通话教学和研究工作的朋友，也就特别尊敬。

我认识何国祥先生将近 20 年，他很早就从事这种"知其不可而为之"的工作，并且坚持了下来。除了教学之外，他也从事研究。2001 年香港教育学院获得优质教育基金拨款百万元的研究计划："在香港小学与初中使用普通话教授中国语文的可行性研究及用普通话作为课堂教学语言课程的设计"，就是由何先生主持的。当时，我忝为这项研究的海外顾问，在出席何先生和他的研究组的会议时，亲睹他的做事、做人，对他对香港普通话教学了解之深、考虑普通话将来发展之远见，留下深刻的印象。我深切地感受到：他走过的路，也就是香港普通话教学发展的路。

为了培养普通话教师，何先生组织了另外五位香港教育学院的同仁，共同编写了这本《香港普通话科教学：理论与实践》。以何先生多年和普通话教学与研究的关系，我就知道这本书将不只是培训普通话教师的好教材，同时也是了解香港普通话教育的现状与前景的好读物。接到书稿，阅读了之后，我更确定这本书不只能在培训普通话教师方面起作用，在编写师资培训教材方面，也有示范作用，而且这本书也显示了：何先生走过的路，也就是香港普通话教学发展的路。

2005 年 8 月 2 日

施仲谋著《香港中华文化教育》序[*]

施仲谋教授的《香港中华文化教育》就要出版，邀我说几句话。我感到非常荣幸。施教授长期关心香港中华文化的普及工作，在这方面做了很多贡献。现在这本书也涉及语言文化问题。我在这两方面，说一些自己的看法。

一　先谈语言问题

香港是我的第二故乡，对香港的语言问题，我先说说自己的观察。

1968 年到 1970 年，港英政府提供英联邦奖学金，让我在刚成立不久的中文大学攻读硕士学位。那时新加坡刚独立三年（新加坡是 1965 年独立的），一切都在起步，而香港的发展却远在我们之前。当时，香港官方的大学待遇，是非常优厚的，吸引了许多优秀的学者，从美国、英国及台湾地区到香港从事研究与教学工作。新加坡南洋大学的一些学者，也有不少被吸引到香港来。南洋大学后期学术水准的低落，原因很多，其中之一是和学术人员向香港流动有关系。

从 1949 年到 1968 年，香港无论在经济上、文化上都有非凡的成就，在亚洲是非常杰出的。香港人是在自力更生的基础上，取得了这样的成就。当时，香港的朋友对我说：在香港不能生活，最多是"返乡下"。这就是当时的香港的拼搏精神。

香港的学者、作家、记者和编辑，在香港出版了许多读物，向东南亚以及世界各地倾销。香港的儿童读物、杂志和书刊，伴随着那一代东

---

[*]　本书将由香港商务印书馆出版。

南亚和世界华人孩童的成长。这不只造就了香港的出版业，也影响了东南亚的华语书面语。

邵氏公司当时拍摄的国语影片，占据了世界华人区的大部分市场。后来邵氏改拍粤语影片，那是内地发生"文革"之后的事。香港娱乐语言从此转变为粤语，至今仍影响着香港。从国语转变为粤语，除了改变香港"粤语残片"的地位，制造了只说粤语的香港人，对香港的国际化发展，是有利还是有害，需要香港人好好思考。

香港出版物和影片所用的语言，就是 1949 年以前中国所用的"国语""国文"。到东南亚定居的华人知识分子，也是用"国语""国文"办教育、写作和办报的。香港的影视业、娱乐业、出版业为全世界的华人提供了精神食粮，影响了广大华人的语言。当时香港的书面语，仍旧是语体文，还没有出现所谓的港式中文。

我的这些叙述，是要说明一个道理：语言上沟通的便利，是全球华人的财富。利用这个语言的财富，对自己是有无限好处的。粤港澳大湾区的建立与发展，给香港提供了无限的机会。香港与外界的联系，香港特区在制度上所提供的比较宽松的、比较开放的环境，更是香港的有利条件。希望香港不只看到"岭南文化"的发展，也能看到语言国际化的趋势，做好语言教育的工作。新加坡、马来西亚和香港特区都有条件发展成为东南亚甚至是世界的华文教学与出版中心。只有向这个方向发展，才能找到新、马、港华文教学研究与出版的发展之路。

这些只是从语言的观察预测将来的发展。语言的背后，是大华语区文化的相通。施教授的书，就涉及文化问题。

二　香港在文化方面的作用

高度一致的书面语教育给华语区留下共同的文化与习俗。这些文化与习俗，是华人的共同财富，需要好好珍惜，共同推广。

新加坡华人学习的华文被定义为"母语"的学习，就表示学"华文"既是学习本民族的语文，同时也是学习本民族的文化。在华文教材的内容方面，维持共同的文化核心，才有利于华语区之间的交际，也才有利于华语走向世界。

　　语文学习里的文化问题，既和各地区自己的本土认同有关，也和华语区之间的共同文化认同有关。华人之间的民族认同与文化认同，怎样在不同的语文程度里体现出来，怎样在不同的社会制度下体现出来，都是应该思考的。

　　我们应该珍惜和保留共同的文化基础，并以此作为将来发展的基石。文化和语言相连，给香港提供无限的机会，希望香港在这方面能发挥更大的作用。

　　哪些是我们共同认可的文化核心？怎样将这个文化核心全面落实到中华文化的普及教育中？施教授说："寄语从事中华文化教育的工作者，不应只着眼于本地学生，而应当面向全球华人以至外国人，为他们提供学习汉语和中华文化的教学资源，以充分发挥香港作为东西文化交流的桥梁角色。"

　　这是非常关键的论述，希望香港的文化与教育工作者，好好结合香港特殊的国际位置，发挥更大的作用，就像 20 世纪 70 年代的邵氏机构，把握住时机，创造了自己的事业。

2020 年 4 月 22 日

胡月宝著《华语文教学实证研究：新加坡中小学经验》 *序

胡月宝教授是我国教育部 1984 年保送到中国台湾求学的中文精英之一，她毕业于台湾大学国文系，而且是少数以优异的成绩获得台湾大学书籍奖的毕业生。

台湾大学毕业的本科生，当时都只获得普通学位的待遇，后来通过我向总理转达了他们的申诉，那些学业成绩特出的，才调整为荣誉学位的待遇。胡月宝就是其中之一。

月宝的专长是中国文学。她除了从事中国文学的研究之外，也从事文学创作。她的兴趣非常广泛，在中学当老师时，就曾经参加了我讲授的"汉语语法"进修课。她也长于华语语音学。加入国立教育学院之后，她除了教华语语音之外，也讲授华文教学法。

为了系上工作的需要，月宝承担了范围比较广的教学工作。因此，月宝的学术兴趣就跨越了文学、语言以及语言教育，而且能创作，是中文系毕业生里少见的。和那些只担任一个自己专长科目的同事相比，她的负担是相当重的。她就是在沉重的工作中完成了自己的博士学位论文。

我看着月宝的努力，看着月宝的成长，心里无限欣喜：我为新加坡的华文教学后继有人感到欣喜。

有人将新加坡的华文教学比作"冲茶"，说"茶越冲越淡"。这个比喻，生动地说明了华文的处境。但面对这样的现实，我们是不是应该保留茶种、保留好茶？我的一辈子都在爱护华文人才。我所做的工作就是

---

*　胡月宝：《华语文教学实证研究：新加坡中小学经验》，万卷楼出版社，2014。

在保留茶种、保留好茶。如果只把自己当好茶，别人都是坏茶，只有让"茶越冲越淡"了。

茶种不只一个，好茶不只一种，我就是这样欣赏各有不同专长的华文人才。为了爱护华文人才，我为他们搭桥铺路，任劳任怨，希望的是他们都能顺利地走下去，为华文事业尽心尽力。我更希望他们之间能相互合作，相互扶持。所以，当我看到有人利用我铺搭的桥以遂个人的私利甚至欺压别人时，我是难受的、痛苦的。月宝是了解我痛苦的同事之一，也因此给她带来了一些不便。对此，我是有歉意的。

月宝能在繁忙的工作中，在不是十分有利于学术研究的气氛下，不间断地从事研究，是非常可贵的。她论文集的出版，就充分表现了她的坚毅，我为此感到高兴。

论文集收录了月宝自 2004 年以来所做的华文教学实证研究。这些研究所采用的研究方法，我都是外行。但月宝勇敢地跨入自己不熟悉的领域，在文学创作、文学研究、语音教学之外，另辟新径，从事新的研究，她的精神是可贵的、值得欣赏和鼓励的。我希望这个好茶种，能在国立教育学院中文系里生根成长。

2010 年 7 月 10 日

徐峰著《海外汉语词汇语法
教学研究》*序

　　徐峰教授在南洋理工大学国立教育学院中文系已经服务了八年。我在中文系时，很少跟他接触，只知道他是研究现代汉语语法的。2010 年，我退休之后，更没机会见到他。直到 2013 年 12 月，南洋理工大学文学院和社会科学研究中心主办第七届现代汉语语法国际研讨会，我受邀在大会上发表特邀论文，才再次见到徐教授。

　　我真正对徐教授有所了解，是在阅读了他将出版的《海外汉语词汇语法教学研究》一书之后。我用一个多星期的时间细心地阅读了全书，看完之后，心里无限欣喜。从书里，我发现徐峰教授不只对现代汉语语法学、词汇学有深入的了解，而且关心新加坡的华文教学，将他的学养和新加坡华文教学的需要结合起来，发表了许多独到和深刻的看法。

　　关于新加坡的华文教学，他说："词汇教学中，不同语言的词语互译需要小心处理，因为两种语言的词汇完全对应的情况毕竟是少数，很难做到完全通过英文对译词把握汉语词汇。使用翻译的时候，教师既要注意译词的词性与被译词的词性保持一致，更要注意注释生词的词义准确性。"（第 34 页）

　　"我们认为，针对第一语言为英语的小学生采用英文进行辅助性教学有一定的合理性。但另一方面，在教学实践中应用，也应该慎重对待……还需要注意避免简单化处理所带来的负面影响。我们注意到目前不少教师在使用双语教学的过程中，在这方面注意不够，因此很容易产

---

　　*　徐峰：《海外汉语词汇语法教学研究》，复旦大学出版社，2015 年 4 月。

生一些负面的影响，不利于有效地减少语误。从现有的实行情况看，双语并用教学法操作性和针对性还有待加强……"（第332页）

"之所以强调有限使用英语，除了让学生掌握汉语表达以外，一个更重要的原因是要培养学生规范汉语的表达意识。目前，新加坡小学华文教学使用双语并用教学法带来的一个直接后果是，课堂上充斥汉英语语码混杂现象。如果教师不加以控制，……无疑会使学生得出这样的印象：华文或汉语的表达完全可以是'语码混杂'的样子。"（第334页）

"不同的教学方法当然有其各自的优缺点，但语言是一个十分复杂的系统，语言知识和语言技能的习得远比其他技能的学习要复杂得多，灵丹妙药式的教学方法过去没有，现在没有，将来也不会出现。"（第342页）

上面节引的，说明了徐峰教授对新加坡华语教学独到的看法，更可贵的是他看到了"简单化处理所带来的负面影响"。

在语言变异和语言教学方面，他强调："对于语法变异，教师应该注意引导，提倡以更合理或更好的说法来代替单纯以对错为标准的做法，鼓励学生使用标准的用法。但在具体操作上，我们觉得应对新加坡华语语法变异的特殊性和实际情况，注意区分口语和书面语。在书面语中按照普通话语法规律严格要求，而承认或接受口语中的某些不规范说法是合理的。这或许是一个较为可行的做法，因为口语本身就具有即时性和不完善、不规范的特性。"（第54页）

讨论汉语交际语法，他说："现有的对外汉语教学语法体系脱胎于传统语法和结构主义语法，基本上是专家语法的删减版本，采取的是分析路线，而交际语法注重表达，一方面符合学习者表达生成的要求，同时也能够好好利用学习者已经存在的第一语言知识和能力。"（第355页）

讨论语言史和"把 + NP — V"的句法结构，对《儿女英雄传》和《红楼梦》里的"把脸一红"发表了如下意见："《儿女英雄传》和《红楼梦》中有33例，但在CCL语料库中，却未曾发现一例。因此认为'脸红'在很大程度上属于非自控性行为，和'把'字句的'+主观控制'语义特征有不协调之处，这恐怕正是这一用法逐渐消失的重要原因。"（第277页）从语义特征解释"把脸一红"的消失，是十分正确的。

无论从学养，从研究方法着眼，无论进行微观的研究还是宏观的研究，徐峰都是非常优秀的。看到优秀的、年轻的汉语语言学者，我就自然想起李光耀资政对新加坡的华文和华文人才的看法："我们必须在日常生活中和在公共场合讲华语，以便全体新加坡华人都生活在讲华语的环境中。我们也必须努力促使3%，可能的话5%的华族双语者掌握高层次的华文能力，以便到中国做生意，以及为在新加坡营业的中国公司服务。最困难的挑战是培养掌握高级华文的那0.1%去培训华文教师。他们是新加坡华语文的监护人。他们的任务是发扬华语文并传授给下一代。但我们面对的问题是，大多数最杰出和最优秀的学生不选华文教学为职业。"①

　　徐峰就是这0.1%的华文人才，肩负着培训华文教师的重任。虽然他不是本地出生的，但他八年来的投入和贡献，是我们应该珍惜的。我期待徐峰继续在语言研究和语言教学上做出新的贡献。

2015 年 2 月 25 日

---

① "承先启后，继往开来"华语论坛暨桃李聚会，李光耀内阁资政致周清海教授贺词。见周清海《全球环境下的华语文与华语文教学》，新加坡青年书局，2007，第251~256页。

其　他

范智全著《岁月如歌——我的人生记忆》*序

一

我有很多中国朋友，他们有些是从农村里走出来的。走出农村，在城市里升学、生活、工作，但他们都有"乡愁"，都想退休之后，回乡去，重温儿时的生活——耕田、爬山、砍柴、采野花、钓鱼，见见儿时的友伴。"乡愁"紧紧地把他们联系在这片土地上。这也让我想起古代文人常有的"衣锦还乡""辞官归故里"的愿望。"还乡""归故里"之后，为乡土、为乡民做些力所能及的事。

范智全先生的五本回忆录《岁月如歌——我的人生记忆》里的《故乡遥忆》就是遥忆自己的农村生活。他说："'回家的打算始终在心头。'总有一天我们还是要退休歇业、落叶归根的。而在此之前，我早已是'故乡的记忆始终在心头'了。那种对早年的故乡魂牵梦萦的感觉一直都在！"

新加坡的乡村早已消失了，我小时候在河里捕鱼，在池塘边、灌木丛里捕蜻蜓，在池塘里游泳，爬上椰子树采椰子，坐在山竹树上吃山竹，都在阅读《故乡遥忆》时一一被勾起来。

其他四本——《青年时代》《军旅生涯》《天南地北》《漂洋过海》，是他不同阶段的生活记录。

---

* 范智全：《岁月如歌——我的人生记忆》，新加坡亚洲人文出版社，2019。

范先生的一生，反映了中国改革开放之前以及改革开放之后的 40 年生活变化的点点滴滴。中国正经历前所未有的大变化，人民的生活越来越接近发达国家。人民对自己、对国家都有不同的期望，这些变化与期待就反映在范先生的回忆录里。

我是在 2017 年认识范先生的。当年 11 月 15 日，我受厦门大学马来西亚分校中文系系主任王晓梅老师的邀请，前去做一次讲座。范智全先生——该校校长顾问，出席了讲座。他在《漂洋过海》（《岁月如歌》第五篇）里是这样说的：

> 2017 年 11 月 15 日下午，新加坡原总理李光耀的华文老师周清海先生来厦门大学马来西亚分校作题为"大华语与马来西亚"的讲座。讲座结束后，周先生送了我一本他在 2011 年 4 月出版的《人生记忆》。书中除了记述关于他生活和工作的回忆之外，还收录了《李光耀内阁资政致周清海教授的贺词》等内容。

> 在书的后记中，清海先生专门讲到，他的书稿在 2009 年就完成了，因为涉及到一些比较敏感的人和事，如果全盘照录，可能会对一些比较年轻的人造成伤害，就删除了一些敏感的事情后再将书稿发给几位要好的同事看，但几位同事却鼓励他"记录事实，向历史交代"。连李光耀也鼓励他尽早出书，还说要提前写好"序"等着他使用。在这种情况下，周清海才决定出版，但仍然是用删减后的版本。当同事问他只出"节本"，"全本不存、真本何踪"时，周先生对同事的回答是："此非节本，亦非洁本，而是全本。"在后记中，周先生又说："我没有宗教信仰，但我希望有一天能学会'放下'。只有'放下'，自己才能无牵无挂，轻松自如，过好我的退休生活。"

> 我在读完他后记中的这些内心表白时，深感他是一位能够"拿得起放得下"的人。周先生在该书的前言中，还引用《春秋》"微言大义"以及《战国策》"君子交绝不出恶声"来表达自己的心境，更加使我感觉他是一位传统文化修养很高的长者。

> 结合周先生给师生的讲座和读他《人生记忆》这本书的感受，我做了《周清海印象》七言诗一首："一掬笑容抒意真，辉光映照更

精神。狮城从教半生业，马校倾情一课恩。总理陪读老朋友，全球华语久耕耘。人生记忆长思度，循道天然有圣心。"诗的最后一句，就是对他的这种理智豁达的态度和做法表达肯定和赞赏。这首诗通过他的学生、我校中文系主任王晓梅老师传给他后，周先生回复非常感谢我的诗，表示下次出书，一定会把我的诗收录进去。

这一段文字充分表现了范先生的行文风格以及概括能力：在平淡自然的文字中将我的内心说得如此透彻。这种文字风格，贯穿了《岁月如歌——我的人生记忆》全书。范先生的回忆录里从没有"微言大义"，比我坦率多了。

二

通读范先生的五本著作，觉得他是一个富于感情、精明能干、思路开阔、适应能力很强而且富有文采的人。初读他的格律诗，我原以为他是出身中文系的文学高材生。我出身中文系，就写不了这样的好诗。

范先生说："当你真正熟悉了格律之后，也许格律之中蕴藏的规律，会反过来引导你在创作时生长出新的意境。在创作七言诗《拈花湾》时，先将太湖边一种红色的果实在风中摇摆的元素写入诗中，得了'金风脉脉吹红果'的句子，下一句就是根据对仗的规律，'金'对'玉'、'果'对'芽'、'风'对'液'、'红'对'绿'、'吹'对'浸'、'脉脉'对'欢欢'，得出了'玉液欢欢浸绿芽'这样对仗工整的对句。"

"实际上，科学中有艺术，艺术中有科学，这已是大家公认的常识。只是一般人对此体会不够具体，认识也不够深刻罢了。……我能于文理交融之中享受到这种别样的快乐，确实是一种'很不错的感觉'！"

上面这些文字，没有长时间创作近体诗的人，是说不出来的。

阅读他的诗作，让我想起30多年前在香港中文大学出席美国著名数学家陈省身的演讲会。陈先生在演讲中引了自己的几首诗，表达他身居海外的心情。当时我非常惊讶，数学家竟然能写这么好的诗。现在读了范先生的回忆录，处处都能读到他的好诗。我问他："你是中文系毕业的吗?"他说:"物理系。"

陈省身先生和范先生,相隔一代人。诗的传统在他们身上传承着。倒是现在的中文系毕业生写不了格律诗。为什么?

三

对于厦门大学马来西亚分校的办学,我曾说:"语言或语言教育,不只是属于'人'(不同民族)的问题,更是属于'地'(国家)的问题。如何处理好'人'和'地'的关系,是目前东南亚区华人语文教育所面对的两难问题。今年(2016年),厦门大学马来西亚分校正式在吉隆坡开课。除了中文系和中医系之外,分校其他院系的课程都以英文为教学媒介语。厦大也派了440名高考成绩优异的学生到分校和本地学生一起上课。这是面对国际的、双赢的办学方式,而不强调以民族('人')为本的办学。这种办学方式对马来西亚华人的办学将产生影响,也将为中国培养了解东南亚情况的人才,为'一带一路'输送人才。这所分校的办学模式,是在'人'和'地'的民族情节之外,另辟出路。这种办学方式,应该复制到其他合适的地区或国家。"①

这篇论文写于2016年,当时我并不认识范先生。但对厦门大学分校的设立,我是给予充分的肯定的。

《漂洋过海》里有下面这样一段叙述。范先生陪同厦大分校校长考察了新加坡国立大学、南洋理工大学、南方学院大学以及拉曼大学等学府之后,他说:"我将自己对分校建设的建议总结为'三句话,九个字',也就是三条基本的原则提供给王校长,供他和厦门大学朱崇实校长及其他领导研究决策时参考。我的建议概括起来就是:'高起点、大投入、国际化'。"

"高起点、大投入、国际化",扼要而具体地概况了厦门大学分校的办学方向。在短时间的考察之后,范先生能总结出如此精确的办学方向,

---

① 周清海:《语言与语言教育的战略观察》,南京大学《中国语言战略》2016年2月特稿,第1~9页。

他的精明能干、思路开阔，令我折服。

四

阅读了这样一部记录范先生人生各阶段的生活回忆录，我对中国有了更深刻的了解，对中国农村也有了一份喜爱，更有了下面的感受。

第一，要懂得品味生活。范先生大学物理系毕业之后，先在中学当物理教师，研究生毕业后到军校工作，先当教员，后来在教务部机关做教学管理。2005 年转业离开部队后，在西安、厦门、无锡等多个地方工作过，2016 年还到马来西亚的吉隆坡做高校管理工作。天南地北，沿海内陆，神州踏遍，乃至漂洋过海，就职海外。

这样丰富的生活经历，是少有的。但他忙碌之外能"昼听鸿儒论高教，夜赏明月泛轻舟"。这种生活情趣和韵味，是现代人应该培养的。

第二，好的学术成就不一定能做好管理工作。范先生做了下面的总结：

> 随着读书学习的深入和工作阅历的积累，我越来越感觉到，不论是文科、理科，也不论是做学问还是做管理，一个人的天赋是很重要的。
>
> 一位公办大学退休的数学教授，在数学上有较好的造诣，还出版了一本数学方面的教材，以一种过于自负的态度带到教学管理工作中，给工作造成了不少负面的影响。
>
> 作为一个有管理经验的领导，应该知道什么事情可以交给秘书或者下属去做，什么事情需要自己亲自动手才行。
>
> 领袖气质，主要包括三个方面的内涵。一是拥有一颗永不满足的心，一生都在为理想而追求和奋斗。达到了一个目标，很快又会有一个新的目标，永不停留，永不满足。二是拥有凝聚一批优秀人才在身边和自己一起奋斗的个人魅力。善于发现人才、使用人才，并通过提供合适的平台造就和成就人才。三是拥有解决问题的方法和智慧，总是能够使自己的事业永远立于不败之地，使自己驾驭的

战船破浪向前，最终达到成功的彼岸。

第三，通过范先生的这部书，读者除了了解中国农村，了解变革中的中国，还可以知道中国人才的教养与成长过程。写到这里，让我用1978 年李光耀资政对邓小平先生说的话作为结束："我认为他们真要追上了，甚至会比新加坡做得更好，根本不会有问题；怎么说我们都不过只是福建、广东等地目不识丁、没有田地的农民的后裔，他们有的却是留守中原的达官显宦、文人学士的后代。"从人才天赋上，李资政精确地预测了中国的发展。

我向中国以及海外的读者推荐这部回忆录。

2018 年 12 月 26 日

谭慧敏、林万菁编《翻译与语言对比论丛》*序

新加坡是一个多元种族的移民社会，虽然独立了 38 年，在政治经济和社会制度的建设等方面，也都有了令人骄傲的成就，可是它也不能脱离移民社会的共有特点：一切事务的处理，都以求存为考虑的重点，因此不可避免地忽略了人文方面的建设。其实，在生存与温饱没有解决之前，是不能奢谈人文建设的。

过去的移民一般都没有深厚的文化根基，因此在语文教育方面，虽然我们实行了 40 多年的双语教育，可是我们年轻一代语言自满的现象越来越严重：掌握了英语，就可以通行无阻，生活得很舒服，何必再花时间与精力去学习另外一种语文呢！母语的文化价值也因此没有什么吸引力，不足以让年轻人好好地学母语。和语言有关的研究当然不受重视，也因此被忽略了。

本书的导言说："对于翻译，这里的普遍观念是，那不是一门专业，几乎任何有双语能力的人都可以胜任。对于语言学习，这里的普遍认识是，能应付日常生活和工作的需要就好，精通与否另当别论。在多语的环境下，这里的语言学习似乎忽略了语言对比所提供的丰富资源。这里的用语者一般未能充分发挥多语的潜在优势，较少深一层地去了解贴近我们生活的语言。因此，尽管接受双语教育，但真正达到社会语言学中那般定义的'双语人'，为数不多。"

这些现象之所以产生，都与我们没有人文传统有关。如果精通双语

---

* 谭慧敏、林万菁编《翻译与语言对比论丛》，南洋理工大学中华语言文化中心，2003。

成为受过良好教育的象征，好的翻译人员便能受到尊重。如果能承认自己对别人所熟悉的学术领域的无知，便更能尊重别人的学术成就，也就不会自认对一切都是内行。强不知以为知，是贻笑大方的根源。但我们处处存在这种强不知以为知的风气，不尊重别人的成就，更不能欣赏别人的成就，也因此削弱了我们的人文环境。

2001 年，在"新马华人：传统与现代的对话国际学术研讨会"的《献词》里，我说了如下的话："从事比较研究时，对两个不同时代、不同的地区，所出现的看来相似的现象，如果只比较表面的相似，而忽略了本质的不同，就可能出现偏差。这是我们应该引以为戒的。"这个看法，不只对历史比较研究是重要的，对于语言对比与翻译，也同样重要。我们还没有建立学术讨论批评的人文风气，许多流于表面的比较研究，都没有机会提出来讨论，研究者也就自满于自己的井中天地。

为了建设我们的人文环境，我们一方面需要制造研究的气氛，鼓励研究讨论；另一方面也要尊重与欣赏别人的研究成就。只有这样，我们才能培养适合研究的环境，也才能有适合年轻人成长的人文环境。

林万菁教授和谭慧敏博士是师生关系，他们合作组编这本书，希望能在语言的对比和翻译研究方面，制造些许气氛，让大家看到在语言方面，有多大的研究空间。他们的合作也表现了老师对学生的关怀与爱护、学生对老师的尊重。我忝为林教授的老师，后来也成为谭博士的博士导师，同时又是他们的同事，我因此感到宽慰。一个人的成长、成就不是一个老师所能造就的。当友人对我说到他的一个博士学生，用了"我不是他的老师，他只有一位老师"这句话时，我心中为他产生了无限的悲哀。我也说不清这份悲哀是为这位退休的友人，还是为他的学生。

在组编这本书时，尤其是谭博士，相信也和书的编集一起成长。对年轻的谭博士，我心里有无数的期许：希望她在语言研究方面，能更上一层楼。

《语言与语言教学论文集》[*]自序

1967 年，参加南洋大学毕业典礼时，记者问起毕业以后的打算，我说：先教书，再升学。当时，南大毕业而能有一份工作，已经是非常幸运的事了。更何况一年之后，我获得新加坡政府的推荐，香港政府颁予英联邦奖学金，到香港中文大学周法高教授所主持的中国文化研究所深造，以"甲骨文字六书例释"为题，从事研究。

当时的许多南大同学，都担心毕业后没有工作。有些为了顺利找到一份工作，不得不做出许许多多令人遗憾的小动作。有些学生南大毕业后，到新加坡大学中文系继续深造，被当作二年级学生，再读两年，才获得荣誉学位。前后用了六年的时间完成中文基本学位课程，在今天看来几乎是不可想象的事。但是拥有了新大荣誉学位文凭的同学，找工作确实容易得多了。我没有经济条件，也更不愿意到新大中文系继续两年的学习，却能获得奖学金，有机会到香港攻读硕士学位，和那些同学比较，我算是顺利而且幸运的了。

1970 年回国后，我在新加坡师资训练学院任教，担任华文教学法、语法、文字学等科目的教学工作，并在李孝定教授的再三催促下，才在 1978 年以部分的时间，在南洋大学攻读博士学位。我的博士论文题目是《两周金文语法研究》。这是一项横跨古文字学和古汉语语法学的研究。时断时续地，用了五年半的时间，才终于完成论文。论文完成时，南洋大学已经和新加坡大学合并，我获得的是新加坡国立大学的博士学位。

我到南大读书，是想从事中华语言文化的研究。南大毕业时，也只

---

*　周清海：《语言与语言教学论文集》，泛太平洋出版社，2004。

想到华校教华文。后来升学的目的，更是想回到南大任教。

我目睹华校的盛衰，更眼看着华校生在当时的环境里，因为没有把英文学好而被边缘化——自己当然也是被边缘化的一分子。所以我说：

> 语言是人民享有平等机会的媒介，语言能力不如人，也就是让自己在与人竞争时处于不利的地位……
>
> 1965 年，新加坡决定以英语作为行政语言时，华人社会、宗乡团体以及华教团体并没有充分认识到这个决定的意义和可能带来的冲击，所以没有充分做好应变的准备，以至于受华文教育的一群，逐渐被边缘化。由于不能应变，没有超前的眼光，致使华文教育陷入困境，下一代蒙受不必要的挫折。许多关键性的职位、专业工作，都因为没有掌握好英文，而与受华文教育者无缘。①

因为我所从事的工作与华文教育、华文教学息息相关，所以常常思考有关华文的问题。我阅读的大部分是华文书籍，心中牵挂的是华文问题。我深信自己必须在能起作用的时候，为华文做点事，而不是在退休之后，因此我将全部的心力放在这些问题上面。现在回忆起来，也算是为华文尽心尽力了。1994 年，当时还健在的李孝定老师，在分别了十余年之后，受新加坡国立大学中文系之邀，从中国台湾到新加坡来参加国际汉学学术会议，他对我说："你的口碑很好，我觉得很高兴。"这句充分肯定和鼓励的话，至今我仍铭记于心。

对华文的执着，让我始终觉得新加坡中小学的华文课程程度太低了。华文程度的问题，有时也成为我和李光耀资政谈话的课题。我也曾坚持或者在不同场合要求提高华文程度；要求更灵活的教育制度，让有语文能力的学生有机会发展他们的华文才能。在家里，我和自己的子女只用华语交谈，让华语伴着他们成长（即使是现在，孩子长大了，我和孩子之间仍旧用华语讨论各种问题），因为我深信，只要智力没有问题，在现有的学校制度里，他们绝对有办法学好英文。但是，当他们进入初级学院以后，我发觉他们再也没有时间和能力，继续发展他们的华文。这时

---

① 周清海：《社会变迁与语文教育的改革》，《语言与语言教学论文集》，泛太平洋出版社，2004，第 125～143 页。

我才完全接受李光耀资政的看法：华文程度不能太高，重要的是适合学生的能力。我们必须让华文保持在一定的程度上，以后有机会再发展。所以，我对新加坡双语教育的成就，是完全肯定的。我说：

> 我国的双语教育政策，不只解决了母语的政治问题，解决了我国成长时代就业不平等的社会问题，也将不同的、两极化的华英校学生，拉近了距离，而且在建国过程中，为母语提供了一个浮台，让母语保留了下来，更加普及化，并对我国的发展做出了贡献。虽然，我们母语的程度稍为降低了，但这样的牺牲也是无可奈何的事。
>
> 李光耀内阁资政非常关心母语教育，认为只要我们能将母语保留在适当的程度上，将来有机会发展时，就能够在这个基础上往前发展，今天我们能够面对新的挑战，就是这个政策的贡献。①

至于要求更灵活的教育制度，让有语言天分的学生，在我们的教育制度里，能得到充分的鼓励，他们的中文能力受到重视，得到充分的发展，甚至在大专里能够继续接受中华语言文化教育，都是我所没有放弃争取的。因为我深信：

> 新加坡的华文教学在面对新的情况下，要培养华文精英或双语精英，就必须考虑进行必要的调整。随着华文用途的扩展，以及新加坡华语教育和中国教育体系联系的可能性，在我国出现比较平行的或偏重于华文的双语教育，可能性是存在的。要让我们更具有竞争力，培养出华文精英，就要求我们有更灵活的教育制度。②

在南洋理工大学国立教育学院中文系里，我有一批志同道合的同事。一起推动华文和与华文有关的工作。我们提供机会让年轻有才能的学生，继续在中文系深造，培养他们接班；也坚持中小学的华文教师除了教育专业修养外，必须具有更高的语文水平。这些工作都是有意义而且重要的。只要华文教师是乐业敬业、充满信心的，华文的发展便有希望。

---

① 吴元华：《务实的决策》序言，吴元华《务实的决策——人民行动党与政府的华文政策研究》，联邦出版社，1998。
② 周清海：《新加坡华文教学的回顾与前瞻》，《语言与语言教学论文集》，泛太平洋出版社，2004，第145~151页。

1994 年，南洋理工大学成立中华语言文化中心，让我有机会在大学里继续普遍地推动中华语言文化的教学和研究的工作，也让我有机会更深一层地思考华文的问题。

这本书里，就记录了我这些年来对华文和华文教学的思考，以及对华文前景的展望。到了耳顺之年，许多的思考和我前一本选集《华文教学应走的路向》① 比较，应该是更持平和宏观的。

除了语文教育之外，选集里也收了古汉语研究方面的文章，算是对两位老师——李孝定教授和周法高教授——的纪念，是他们带领我走进中国语文学的殿堂。虽然我因为文字学、古文字学和古汉语语法太过学术性，和实际的需要距离太远，而心力不足以继续在这些方面发展，但这几门学科都是中华优秀文化遗传的重要组成部分，我也就从没有放弃这方面的阅读和对这些领域的关心。

对华语的发展、华语走向国际的可能性，以及华语研究等问题，我也提出了一些看法。这些论文当中有三篇分别是和谭慧敏博士、萧国政教授以及李临定教授联名发表的。文章是他们执笔的，我只是提了一些意见，或做了一些修改。我把这三篇也收在这里，算是作为和他们共事合作的纪念。

语言研究者必须超前为华人社区之间的沟通做好准备工作，这是时代所赋予的使命。我在这些方面也提出看法，希望对华语的国际化能起一些作用。

这些年来，儿子翔志、翔翰，女儿欣燕，他们渐渐成长，给我带来不少欢乐；内人陈丽珍，对家庭和子女的照顾，无微不至；全家人的相处、相伴，丰富了我的人生。我谨把这本选集送给他们。

2002 年 1 月 29 日

---

① 周清海《华文教学应走的路向》，南洋理工大学中华语言文化中心，1998。

《文言语法纲要》*自序

在国立教育学院中文系讲授"文言语法",有十二三年了。这本书就是在讲课笔记的基础上改写成的。

在编写讲义时,特别注意下面几个原则:

(1)所用的语法体系尽量和我所讲授的"华语教学语法"保持一致。

(2)联系现代汉语的语言现象,说明哪些是现代汉语承袭古汉语的,哪些是古汉语特有的现象。

(3)引用的例子,尽可能集中在《论语》《孟子》这两本书,做到既讲授文言语法,也为选修这门课的同学提供阅读这两本书的机会。因为同学平时很少会阅读文言文,所以和其他同类型的语法书相比,本书所引用的例子就会相对多一些。引用的例子都附上语译。

(4)适当地容纳一些古汉语语法发展的叙述,以作为同学以后进一步研究的基础。

(5)语法的讲授,尽量和学校的语文教学联系起来。

附录的部分收了两篇旧文章,分别写于1971年和1972年。这两篇文章都曾收在我的第一本文集《中国语文散论》①里。这两篇文章讨论的都是文言文的教学问题。虽然是30多年前的旧文章,但和我现在的看法是一致的,对于从事文言文教学的朋友们,仍旧有参考的价值。

年过耳顺,儿女都已成长,培养与提携后进的工作,也非常顺利,并且又能比较专心地总结自己的旧作,在公在私,都算问心无愧了。人生又有何求呢?

---

* 周清海:《文言语法纲要》,玲子传媒,2006。

① 周清海:《中国语文散论》,新加坡世界书局,1973。

同事云惟利教授、严寿澂教授、陈家俊博士都阅读了这本书，也提了意见，一并向他们致谢。

内人丽珍，30 多年来细心照顾我的起居，借此向她道谢，也把这本书送给她。是为序。

《变动中的语言》*后记

首先，我得感谢三位为这本书写序的同事。云惟利先生是 39 年的老朋友。林万菁和许福吉两位都是以前的学生、现在的同事，我和他们也相处了 20 多年。

我从事教师培训的工作，是从 1971 年开始的，到现在前后也有 38 年了。这 38 年里，我见证了华文教育事业的衰亡；见证了华文源流学校关闭之后，学生必须到英校浸濡，苦学英文，参加初中四年级或者高级中学的会考。英文没赶上的，只能放弃升学，离校工作去。用华语教学数理化科目的教师，得接受英语的培训，转换教学语言；英语不好的，就得放弃自己所学的专业，重新接受培训，转为华文教师。他们的转换过程，也和学生一样，是痛苦的。

在这样的大环境下，愿意读中文系而读了又愿意当华文教师的，就少之又少了。因此，对于那些愿意从事华文教学的年轻人，我有一种特殊的爱惜。他们之中的特出者，我更是爱护有加。我不只鼓励他们继续深造，也为他们搭建适合他们发展的平台。我和他们并肩努力，为新加坡的华文教学尽些绵力。

大约是 1996 年下半年，有一位学生从英国读完博士回来，向国大中文系申请了教职，被请到国大中文系做了一次讲演，结果申请被拒绝了。我当时认为他很不错，就这样，我们成了同事。我为自己能保护学生感到欣慰。

我和学生或者同事相处，都常抱着"己欲立而立人，己欲达而达人"

---

* 周清海：《变动中的语言》，南洋理工大学孔子学院，2009。

的心态。我常常记得"己所不欲，勿施于人"，因此从来不会去欺压任何人。我敬重身边的所有的同事，更欣赏他们的成就。我从来不夸大自己，更讨厌夸大自己。

我曾说云先生年轻时"是个英才焕发的青年，在文学和语言方面，都显露才华，是中文系里不可多得的人才。我自己也出身于中文系，但在古今文学的修养方面，多不及云先生。所以我为南洋大学中文系和为李孝定老师能培养这样的学生感到庆幸，我也非常珍惜这样的人才"。

对于林万菁先生，我曾说，古人认为文如其人，万菁做学问，对语言问题的观察非常细致，写成的文章，如行云流水，自然而不雕饰。他在文学和语言两方面各有成就。无论是发表意见，或者讨论学术问题，从没有咄咄逼人的气焰。跟那些在学问上有些许成绩，就表现得好像天下的学问都集中在自己一身，处处让人感觉到那挥之不去的傲气的"学问家"相比，万菁给我的印象，是平稳而有深度的。

许福吉先生从事文学创作和文学研究，是我早知道的，但他"以和为贵"，敬重别人，对工作计划周详、专心投入，而且能发现人才、重视人才，能建立团队精神，发挥领导作用，是他主持南洋理工大学孔子学院的工作之后，我才发现的。

我重视学术研究，更重视做人。这本论文集，希望不只反映了我的学术研究，更希望读者在其中发现做人的道理。

《孟子·告子上》有一段这样的记录：

> 孟子曰：有天爵者，有人爵者。仁义忠信，乐善不倦，此天爵也；公卿大夫，此人爵也。古之人修其天爵，而人爵从之。今之人修其天爵，以要人爵，既得人爵，而弃其天爵，则惑之甚者也，终亦必亡而已矣。

"修其天爵，以要人爵，既得人爵，而弃其天爵"的现象，是何等可悲的。语短心长，也算是个沉重的序言吧。

2009 年 3 月 5 日

邢福义先生和《寄父家书》[*]

邢福义先生是多年的老朋友。用唐人的诗句"相知无远近，万里尚为邻"，最能描述我和他的交情。我曾对他的学生说：邢先生是"有情有义"的人。

1985 年，在北京香山饭店举行的"第一届国际汉语教学讨论会"上，我们认识了。1994 年，我负责筹建南洋理工大学中华语言文化中心。1997 年，我给他发了聘书，请他到中心来半年，从事华语语法研究。大学给他非常优厚的待遇，和聘请欧美著名学者一样。邢先生给我回信，要求让他考虑一个月。后来，他拒绝了大学的聘请，理由是太太的眼神告诉他舍不得他离开。这时候，我才知道，邢太太卧病在床。

2006 年 9 月，邢先生到新加坡来参加由学生发起的"华语论坛暨桃李聚会"，为我庆祝从教 40 年和 65 岁的生日。时任新加坡总理李显龙在总统府接见他以及与会的另外四位友人。三天之后，我送他到机场，和他在机场共进新加坡式的烤面包及咖啡早餐。此后，邢先生就很少出远门，他在太太身边，陪了她 16 年。

在华语语言教学与研究方面，邢先生理解和支持我的观点。他启动"全球华语语法研究"这个项目时，重点指出："启动这一项目，既是为了深入了解华语语情，揭示华语语法的基本面貌，也是为了促进华人社会的语言沟通和汉语的国际教育与传播，为中华文化的发展和繁荣作出我们的努力。我们期待的是，本项目能够成为学界的一项共同课题，能有更多的学者加入到研究的行列。"在华语方面的学术观点，我们非常

---

[*]　本文曾发表于《人物》，《中华读书报》2018 年 11 月 21 日。

接近。

邢先生的身上，充分表现了"天行健，君子以自强不息；地势坤，君子以厚德载物"的中华风骨。就是他的这种中华的人格魅力，让我和他保持了"万里尚为邻"的精神联系。

今年，接到邢先生签名的《寄父家书》，才知道他给父亲写了37年的信。这些家书，除了邢先生的父子亲情、人格魅力之外，也处处流露他的文采。邢先生的文采，是从淡淡平实的文字中流露出来的。这种自然的文字美，在现在中国的语言研究者身上，是少见的。

邢先生的父亲将这些家书保留起来，分别装订，写了摘要，在85岁时，寄回给他。这是何等的父子情，是世上罕见的。

在书前，邢先生写了这么一段话："当今的中国人，重视外国理论的引进，但也懂得，再好的理论，都必须适应中华水土，才能在中华开花结果。"邢先生重视自己的中华水土，是民族自尊的表现。

这就是中国知识分子的传统情怀：有情有义。

我们相隔遥远，见面很少，但这种文化上的联系，使我们心灵相通了30多年。

2018 年 11 月 12 日于新加坡

读史杂记

　　人类社会是不断进步的，但人和人之间的关系，以及处理人与人之间关系的办法始终没变。我们读历史，可以从中得到许多启示。近日读《史记·秦始皇本纪》和《李斯列传》，有不少感触，与大家分享。

　　赵高"指鹿为马"，见《秦始皇本纪》，那是他掌握了大权以后的事。

　　赵高大权在握，想造反，怕群臣不服从他，就先试探一下。他把一只鹿献给二世，说：这是马。二世笑着说：丞相错了吧，把鹿说成马。问左右的人，有的不说话；有的说是马，以讨好赵高；有的说是鹿。赵高暗中把说是鹿的人都法办了，从此以后群臣都惧怕赵高。

　　赵高这种跋扈和目中无人的做法，显得非常粗俗。其实，赵高也有非常精细的一面，就记录在《李斯列传》里。

　　他在秦始皇出行，病死之后，就和李斯串谋逼死秦始皇的长子扶苏和大将蒙恬，改立胡亥为秦二世。胡亥继位后，尽情享受声色之娱，以及一切乐趣。赵高担心"自己不得善终"，便劝二世胡亥用高压的手段镇压异己，消除不支持自己的力量："严法而刻刑，令有罪者相坐诛，至收族；灭大臣而远骨肉。"

　　更进一步，他劝二世提拔、培养自己的亲信，使贫困的亲信富起来，使没地位的亲信拥有地位；将先帝的旧臣全部除掉，另外委派自己的亲信，并且和他们亲近："贫者富之，贱者贵之；尽除去先帝之故臣，更置陛下之所亲信者近之。"

　　赵高以高压和笼络的手段，来巩固自己和秦二世的地位，这和现代的人事管理中的一些做法，何等相似，读来令人心寒。

2009 年 2 月 8 日

后 记

《汉语融合与华文教学》一书，收录了我在报刊上发表过的论文，以及一些未发表的演讲稿、序文。这些论文、演讲稿和序文，包括了几方面的内容：（1）现代汉语和古汉语的关系，（2）现代汉语大融合的情况，（3）语言教育应做的调整，（4）语言选择与社会发展，（5）汉语全球化所面对的问题。

2010 年在华中师范大学的演讲里，我提出了两个概念。

第一，汉语的融合时代。我认为，"1949 年以后到改革开放之前，是汉语的分离年代；改革开放之后，就开始了汉语的大融合。这个大融合的时代，给汉语研究和汉语教学研究提供了更大的平台，要求我们以更大的、更宽阔的视野，去研究语言和语言教学问题"，并且强调应该让融合更和谐。

在从事语言研究的中国友人的支持下，编撰出版了《全球华语词典》《全球华语大词典》，进行了"全球华语语法的研究"，并且提出了"大华语"的概念。希望让华语区了解各不同区域的华语语情，促进沟通，让语言和谐融合。

第二，现代汉语是"古今杂糅、南北混合"的语言，在语言教学和现代汉语词典的编纂方面，应充分注意这个特点。"古今杂糅、南北混合"的南北，也包括各华语区的华语。目前，现代汉语吸收了相当数量的华语区的词汇，这些词汇，有些就是"国语"词汇的回流。随着交往的频繁，以及中国传媒影响力的扩大，现代汉语的输入局面逐渐转为向华语输出。

"古今杂糅"，直接影响文言的教学以及词典对书面语词汇的界定和释义问题。古汉语和现代汉语是有联系的，因此，针对文言文教学，我主张按照主题，将现代文与文言文组织在同一个单元里，让学生结合现代，理解古代。

面对全球化，我们不能也不应该在中国编汉语教材，而后向世界各地推广。这是不正确的做法。在华语的推广方面，我支持陈之权先生的意见，应该重视"优势互补"。让华语区在华语的推广方面，发挥更大的作用，这是必须受到重视的。

语言选择与社会发展的关系是不容忽视的。香港中国语文学会编的《语文建设通讯》第119期（2019年）里引了我2002年写的《多语环境里语言规划所考虑的重点与面对的问题——兼谈香港可以借鉴些什么？》，就特别显出了相关问题的重要性和时代意义。李宇明先生回忆说："周先生也出席了会议（2005年5月）并做报告：根据新加坡语言规划的经验，香港应处理好与英语、粤方言与普通话的关系；就香港推广普通话来说，普及比提高更重要。这个报告我记忆犹新，对香港今天的语言规划仍有借鉴意义。"①

另外，对于邻国马来西亚华语研究以及华语人才的培养也是我所关注的。尤其是在中国"一带一路"发展策略上，马来西亚的华文社会基础，将能发挥大作用。我的一些看法，在给王晓梅和邱克威所写的相关文章里，都表达了。

总之，处理好语言问题，对社会的发展，至关重要。

从华语区来看，语文学习里的文化问题，既和各个地区自己的认同有关，也和华语区之间的共同的文化认同有关。各地区除了强调本土意识，培养国家意识之外，民族的共同文化认同，也是不容忽视的。

上面这些重要问题，还值得语言研究者继续重视，继续讨论。

其他文章还谈及新加坡的华语运动、双语教育和语言运用中出现的问题。此外，也收入了一些和语言教学有关的序文和后记。我说：有人将新加坡的华文教学比作"冲茶"，说"茶越冲越淡"。这个比喻，生动

---

① 李宇明：《"大华语"的一面旗帜——序周清海先生〈语言选择与语文教育〉》，《华文教育与研究》2020年第1期。

地说明了华文的处境。但面对这样的现实，我们是不是应该保留茶种、保留好茶？我的一辈子都在爱护华文人才。我所做的工作就是在保留茶种、保留好茶。如果只把自己当好茶，别人都是坏茶，只有让"茶越冲越淡"了。[①]

茶种不只一个，好茶不只一种，我就是这样欣赏各有不同专长的华文人才。为了爱护华文人才，我为他们搭桥铺路，任劳任怨，希望的是他们都能顺利地走下去，为华文事业尽心尽力。我更希望他们之间能相互合作，相互扶持。所以，当我看到有人利用我铺搭的桥以遂个人的私利甚至欺压别人时，我是难受的、痛苦的。这些感受都表现在一些序文里。

总之，这是一本论文集，也是一本怀着情感的书。

---

① 见胡月宝著《华语文教学实证研究：新加坡中小学经验》序，万卷楼出版社，2014。

图书在版编目（CIP）数据

汉语融合与华文教学 / （新加坡）周清海著. —— 北
京：社会科学文献出版社，2020.8
（华文教育研究丛书）
ISBN 978 - 7 - 5201 - 6655 - 3

Ⅰ.①汉…　Ⅱ.①周…　Ⅲ.①汉语 - 对外汉语教学 -
教学研究 - 文集　Ⅳ.①H195.3 - 53

中国版本图书馆 CIP 数据核字（2020）第 082920 号

华文教育研究丛书
汉语融合与华文教学

著　　者／〔新加坡〕周清海

出 版 人／谢寿光
责任编辑／崔晓璇

出　　　版／社会科学文献出版社·政法传媒分社（010）59367156
　　　　　　地址：北京市北三环中路甲 29 号院华龙大厦　邮编：100029
　　　　　　网址：www.ssap.com.cn
发　　　行／市场营销中心（010）59367081　59367083
印　　　装／三河市尚艺印装有限公司

规　　　格／开　本：787mm × 1092mm　1/16
　　　　　　印　张：11.25　字　数：166 千字
版　　　次／2020 年 8 月第 1 版　2020 年 8 月第 1 次印刷
书　　　号／ISBN 978 - 7 - 5201 - 6655 - 3
定　　　价／68.00 元

本书如有印装质量问题，请与读者服务中心（010 - 59367028）联系